阅读成就思想……

Read to Achieve

Better Questioning for Better Learning
Strategies for Engaged Thinking

提问式教育

用好问题
优化学习动力

[美]
本杰明·斯图尔特·约翰逊
(Benjamin Stewart Johnson)
著

叶壮 苏静
译

中国人民大学出版社
·北京·

图书在版编目（CIP）数据

提问式教育：用好问题优化学习动力 / （美）本杰明·斯图尔特·约翰逊（Benjamin Stewart Johnson）著；叶壮，苏静译. -- 北京：中国人民大学出版社，2023.9
书名原文：Better Questioning for Better Learning: Strategies for Engaged Thinking
ISBN 978-7-300-31922-3

Ⅰ．①提… Ⅱ．①本… ②叶… ③苏… Ⅲ．①教学法—研究 Ⅳ．①G424.1

中国国家版本馆CIP数据核字(2023)第137189号

提问式教育：用好问题优化学习动力
[美] 本杰明·斯图尔特·约翰逊（Benjamin Stewart Johnson） 著
叶 壮 苏 静 译
TIWENSHI JIAOYU：YONG HAOWENTI YOUHUA XUEXI DONGLI

出版发行	中国人民大学出版社		
社　址	北京中关村大街31号	邮政编码	100080
电　话	010-62511242（总编室）		010-62511770（质管部）
	010-82501766（邮购部）		010-62514148（门市部）
	010-62515195（发行公司）		010-62515275（盗版举报）
网　址	http://www.crup.com.cn		
经　销	新华书店		
印　刷	天津中印联印务有限公司		
开　本	890 mm×1240 mm　1/32	版　次	2023年9月第1版
印　张	6.875　插页1	印　次	2023年9月第1次印刷
字　数	176 000	定　价	65.00元

版权所有　　侵权必究　　印装差错　　负责调换

推荐序

阿瑟·L. 科斯塔（Arthur L. Costa）博士
班纳·卡里克（Bena Kallick）博士
思维习惯研究所（Institute for Habits of Mind）

我们之所以为本书撰写推荐序，一个很大原因就是我们与作者有着共同的愿景："让这个世界成为一个人们都能'多想想'的地方。"其中，"多想想"，一是指通过"多想想"来关心关怀他人，二是指要有更多的思考。这也是本书的目的所在——让我们的课程和教学、教室和学校以及社区都能"多想想"。我们都希望学习者能够学会如何在工作中采取批判性的立场，如何灵活思考，以及如何发掘、编辑他人观点中的信息并能从中学到东西。

我们总是分外欣赏这样一种人并能从他们身上受益良多：他们掌握了健全完善的哲学体系，有着非常充分的知识储备，还有多年积累下来的、基于经过验证的关于心理学理论的各种课堂实操经验；他们更有一种能把理论知识转化成能使用的实际方法的能力。在这本证明了提问的价值所在的指南中，本杰明·斯图尔特·约翰逊就做到了这些。

迈向更好的提问和学习

　　细致、有效、有目的的提问，是资深教师所拥有的最有力工具之一。然而，打磨这些工具需要深入的思考和大量的实践，而这势必需要时间与精力。随着时间的推移，我们会不断地探索并深化对提问策略的理解，使我们变得更善于抓住提出有力问题的机会。随着不断地优化提问技巧、提问策略，我们变得对于提问更具有批判性的反思能力，更能发觉提问对深化学习者的学习所具有的价值，并继续努力不断改进，理解学习去规划并提出更有力的问题始终是一项不断处于进步之中的工作。

意识

　　对于任何希望改进课堂提问的教育工作者来说，第一步都是要提高对提问和课堂互动的意识水平。其中，"觉察"是关键。观察我们自己的问题、想法和行为以及他人的问题、想法和行为，能使我们在当下做出更加明智、有效的决策；学会区分能吸引和挑战学习者头脑的问题和肤浅浮夸的"僵尸问题"；最终意识到通过搭建框架来组织提问策略，从数据获取到处理和阐述问题，再将这些问题转移并应用到其他情景中，就可以使得回答更加丰富，应用更富于创造性。

技能培养

　　随着时间的推移，我们会探索并加深对提问类型、策略、进展和架构的理解。我们在选择和提出强有力的问题时会变得更有技巧和策略。

　　我们会分析自己提出的问题，并关注问题的句法和语言。我们能够预测我们所希望学习者体验的思维类型和期待学习者做出的反应类型；反过来，我们也会以类似方式回应学习者，以求继续探索和塑造对话以深化他们的回应。

评估价值

我们很快就会意识到，通过努力改进提问能获得怎样的价值和好处。我们还会注意到，学习者在自己提问时会更投入、更自信，更重视思考的深度。我们看到，更多学习者更积极地参与我们提出的挑战中来。他们会在自己的互动和对话中提出更深刻、更复杂的问题；他们对问题的回答也会变得更加复杂。他们更愿意积极主动地回答问题，并分享自己感兴趣的新问题。他们还会将刚获得的提问策略应用于更广泛的学科领域，以及学校内外的各种情景。

倡导

如果我们认识到，更深入、更复杂并融汇了更多思考的提问能产生怎样的影响，那么我们就会提倡去更多地使用这些问题。例如：在某个议程复杂的教师会议上，我们可能在开始试着解决问题之前，先对问题进行细化和处理，以求事半功倍；在某次难以达成共识的谈话中，我们可能会通过提出一些问题，来引导人们对于这一问题的思考与感知。整个学校共同体的文化也会因此成为一种能激发人们产生好奇、追求真理、敢于求知和体验惊奇的文化。如果我们意识到了富于力量、经过深思熟虑，同时又发人深省的问题能产生怎样的影响，自然就会成为使用这些问题的倡导者。

承诺

作为终身学习者，我们需要不断努力以提升自身的技能。有技巧的课堂提问可以逐步精纯为一种心态，而非仅仅是一种学以致用的套路。本书所描述的提问策略为我们走向提问心态铺平了道路，在这种心态的影响下，我们不需要任何提示就可以提出问题。提出问题也因此成为一个"内在的指南针"，指导着我们的行动、决策和思想。每当面对复杂决策时，我们就会向自己提问：

- 我现在怎么做，才能更体恤他人？
- 我有什么样的行为策略，可以让他人受益？
- 我还需要考虑谁的利害关系？
- 在这种情况下，我感兴趣的究竟是什么？
- 我该如何从中学习？
- 我该如何利用这个机会重申我对正义、尊严、希望和爱的承诺？

　　作为教育工作者，我们还受倍增效应的影响，因为学习者会成为传播我们价值观的使者。毕业后，当年参与学习的人们会走向全世界，把个人所学应用于工作、社区和家庭之中。通过更好的提问，他们也成了传播探究精神、好奇心和以诚待人的使者。正是通过他们，世界才变得更美好，成为一个大家都能"多想想"的世界。

BETTER

Questioning for Better Learning

译者序

我读高中的时候喜欢打篮球,也爱收集与篮球相关的周边产品。我写作业的房间里贴满了买杂志送的球星海报,每当我把头从"题海"中抬起来,都能看见世纪相交时期的篮球巨星们。

有一次,我们班队的大前锋来我家,看到我的那面海报墙,跟我说:"你这口味挺独特嘛。"我明白,绝大多数人选的海报是强力得分手尝试着把球摁进篮筐的画面,而我贴的海报里,有三个彼时并不是主流的球星:网队的贾森·基德、小牛队的史蒂夫·纳什和灰熊队的贾森·威廉姆斯。

这三个人都是控球后卫,以助攻能力见长,他们总是能快速精准地传出好球,或者找到一个刁钻诡异的角度给出助攻。比起备受追捧的"十佳灌篮",我更喜欢看"十佳助攻",至今仍是。利他和以团队为重心的助攻手们更能获得我的认同。那些漂亮的超远长传、击地传球、不看人传球,穿针引线般织起了一张降伏对手的大网。接球得分的人也很舒服,他们进了球,会遥遥一指感谢助攻的队友,从神态到动作,都透着一种从队友默契中获得的满足感。漂亮的传球、顺利的得分,就是完美助攻入选"十佳"的资格。

成为老师后,我觉得自己跟这些控球后卫们干的活好像也差不多。学生们就是那些得分手,不管老师多努力、多认真、多优秀,都不能代替他们去"得分"——"学习"。老师们好像只能通过组织安排战术，送出精妙助攻，最终让学生更舒服、从容、高效地得分。如果控球后卫的水平高，他就能够盘活进攻、执行战术、大大强化进攻效率；如果老师的水平高，他就可以引领全班学习的节奏，有序推进学习进度、大大改善学习的效果。控球后卫在场上不能一个人干五个人的活儿，他只能想办法使球在恰当的时机与位置传给队友，以转化成胜利；同样地，老师在班级里也不能代劳学生的工作，他没法替学生学习、考试、把知识转化成实践，他必须引领与带动大家学习，并在这个过程中完成知识的传授。

我不知道优秀的控球后卫有没有什么秘籍手册，但你手上的这本《提问式教育：用好问题优化学习动力》就是老师的赛场指南。这里面讲述了一个根本问题的解决之道：作为一名教师，你最有力的武器是什么，以及究竟该如何使用它。

从教这么多年，我不怕学生上课睡觉、说话，甚至不怕学生学了好几遍都学不会——唯独怕学生们在面对我提出的问题时，双目无神，毫无好奇。此时，课堂气氛会瞬间降至冰点，尴尬充满我跟学生之间的空气。如果这时我扫视教室里的一众学生，就会发现根本就没听见问题的学生，目光呆滞；听见问题的学生，慌忙逃避我的目光，我甚至都能隔着他们紧张的心跳，听到他们内心的想法："老师呀，赶快随便点个人来回答吧，只要不是我就行！"

如果学生上课睡觉，我会认为他前一天学习太晚；如果学生上课说话，我会认为他有有意思的事情要跟同伴交流；学了好几遍不会的学生，我会认为他的学习方法有待改进，只要别放弃，肯定能找对路子；唯独学生麻木面对提问，或者学生明明有所投入，也听到了问题，甚至还有自己的思考，但就是不去响应老师，让我实在想不出什么说得过去的因由，于是学生难受，老师挫败，我只好以"我当学生的时候可能也这样"安慰自己。

我就像一名在篮球场上的控球后卫，不断地运球奔跑，送出传球，却无法将之转化为助攻与得分。因为我亲爱的队友们根本就不接

译者序

我的球。

控球后卫手上的篮球就是教师提出的问题；赛场上传球的过程就是教室里提问的阶段；队友接球得分——远射、中投、勾手、灌篮，就是学生依仗着问题掌握了知识——思考、实验、背诵、解题。

以前，碰到学生不爱在提问环节搭理我时，我总是习惯性地归咎于学生：你们为什么不理我呢？你们为什么不接我传出的球呢？

在翻译学习《提问式教育：用好问题优化学习动力》时，我幡然醒悟：恐怕不是学生的接球功力差，而是我的传球水平低。作为一名老师，我一直以为自己只要提问，学生就应该去回答、去响应，这是他们的义务与责任，也是学习的必经一环。事实上，提问的能力有高低，问题的水准也有优劣，就像我作为一个篮球爱好者，在传球的时机、质量和力度上，当然比不上那些职业选手。如同给球给得舒服，得分自然顺利，只有问题恰当，学生才能真正有反馈、有收获。

随着翻译的深入，我越发意识到虽然自己从教多年，却在"提问"这件事上错得离谱。要么对问题设计充满了想当然的误读，要么对层层深入的提问缺少规划，要么忽视了学生反应中的重要信息。还有一点，就是在我的求学生涯中，其实也没有几个老师在提问方面有足够的造诣——从来没有人给过我"妙传"，我怎么知道该如何给别人巧妙地"助攻"呢？

好在这些问题的解决方案，在书里都有。

作为译者，以及被本书触到痛点的教书匠，我很快就迎来实践的机会：翻译这本书期间，正好赶上新学期开学，我又要走上讲台，去讲《心理学导论》了。这是由我主讲的一门心理学通识课，历来反响不错，但美中不足的是，不少学生在带着"老师讲得挺有意思"的心态学习，虽然听得起劲，却不愿意投入跟我的互动以及主动的思考中。正好在翻译本书的过程中学了几招，我就用了起来，效果非常棒。

比如，在讲解"心智理论"时，我提出了问题：从"心智理论"的角度来看，在玩狼人杀的时候，"倒钩狼"的策略为什么会产生效果？

比如，为了让小组协作更有效率，不至于出现"抱大腿"的情况，我在这个学期的作业得分方面，专门安排了"加权分"机制。

再比如，在"视觉"这个知识点上，为了让学习者更好地去进行深度思考，而非死记硬背，我提出了一个非常强调知识统合的问题：先天盲人在做梦的时候，能看见东西吗？

这些改动都起到了非常好的课堂效果，第三个问题甚至引发了覆盖全班、长达半个小时的优质讨论，这让我非常欣慰：我"传球"的段位提升了，学生们"接球"顺手了，至于学习、得分，便是自然而然的结果。

这种积极的影响甚至延续到我的家庭中。不怕各位笑话，虽然我教过不少学生，但在教育我家那两个儿子时依然苦恼。在给大儿子讲解数学逻辑、阐释英语语法、引导文言文阅读的时候，在管教小儿子别咬手指、忠告他别看太久电视的时候，我也少不了要用到"提问"的技术。翻译了这本书，我才发现自己很多面向亲儿子的提问要么十分没有或缺少人情味，显得教条无趣，要么融进太多情绪，变成阴阳怪气的批评，或者惹人厌烦的说教。难怪自己觉得亲力亲为教孩子，明明比上课还要卖力，却老是事倍功半。用上书中的技术，在语气上把恨铁不成钢换成循循善诱，在方法上把强调思路转化为强调重复——不敢说所有的问题都迎刃而解了吧，起码在辅导孩子学习时，血压没那么高了。

我当老师十几年，为人父母亦十载，现在才开始系统地提升自己的提问水平，说实话，有点晚。但种下一棵树的最好时机，要么是十年前，要么是现在。虽然我们不曾被优质的问题善待过，但起码可以开始尝试去撬动这一场让学生受益的良性循环，让我们的学生通过我们而受益于优质的问题，有朝一日，当他们成为老师、家长、教育工作者的时候，就能通过更好地提问，去诱发再下一代人更深刻的思考。

爱因斯坦曾说过："提出问题往往比解决问题更重要。"真诚地将我翻译的这本书推荐给三尺讲台上的"控球后卫"们，以及要用到提问技巧的所有人，只要你深谙用提问去"传球"的艺术，就一定能让问题的回答者体验到怀揣思考、凌空跃起的宝贵感受。

BETTER
TER
Questioning
for Better
Learning

自序

在研究和学习人类究竟如何学习的过程中，我必须承认，人类相当依赖其他个体的看法与思想。感谢丹尼尔·威林厄姆（Daniel Willingham）博士对于学生们如何学习的见解——读过他的书《为什么学生不喜欢上学？》（*Why Don't Students Like School？*）后，我才意识到提供与大脑工作方式相吻合的学习机会究竟有多重要；我还要感谢阿特·科斯塔（Art Costa）博士，他的作品激励我把提问当作学习的有力工具。感谢我亲爱的妻子梅兰妮的支持和鼓励，倘若没有她，我永远都不会投入这本书的写作之中。她的耐心和鼓舞人心的话语支持着我在一段漫长的时间里把自己的看法与思想写进本书。

我希望在你读这本书的时候会产生一种重新审视你在课堂上究竟如何提问的动力，并获得有效提问的新策略。我还希望你开始使用能让全体学习者都参与其中的问题，去取代针对"集体"的备选问题。

通过阅读本书，你会了解该如何把问题视作重要工具来引导学习者开始以正确的方式思考，进而提高学习者的学习效果；你会发现提问的真正意义并非让老师来衡量学习者的学习状况，而是为了让学习者的心理机能保持在一个高速运转的状态；你会学到如何通过提出有效问题来调动学习者的大脑和身体。

BETTER

Questioning for Better Learning

目录

01 第一部分 提问的基础

第1章 问题:究竟为什么要提问 / 3

第2章 提问的视角:提问时,学习者的大脑中究竟发生了什么 / 13

第3章 全脑问题:什么类型的问题才与基于大脑的学习兼容 / 25

第4章 虚拟提问的区别:面对面教学跟虚拟教学在提问上的区分 / 37

第5章 实质性:如何通过提问促进深度思考 / 43

02 第二部分 学习规划

第6章 野猪式问题:如何在授课前准备有效的问题 / 53

第7章 任何大脑都要面对的问题:如何根据需求去区分问题 / 75

第8章 与问题有关的基本知识:编写问题方面有什么高效的方法 / 81

第 9 章　如何进行脚手架提问：如何以学习者的成功为基础，
搭建脚手架问题 / 109

第 10 章　知识和理解类问题：怎样通过提问帮助学习者做好
学习上的准备 / 113

03 第三部分　学习

第 11 章　重复技术在提问中的作用：如何通过提问来帮学习者
更好地记忆 / 121

第 12 章　避免僵尸问题：该如何规避问出无效问题 / 125

第 13 章　提问的误区：如何通过提问吸引所有学习者 / 129

第 14 章　释义交谈：如何帮助学习者证明他们的答案 / 157

第 15 章　管控问题：如何利用问题来管理班级 / 171

04 第四部分　学习评估

第 16 章　检查教学内容理解情况：怎样才能知道所有的学习者
都在学习 / 179

第 17 章　形成性提问：既不招人厌烦，又能不断地检查理解
情况 / 185

第 18 章　考试前后的心态：如何使用野猪式问题来进行
评估 / 191

第 19 章　回顾与重新划分问题：要是所有学习者都不学习，
你会怎么做 / 195

第 20 章　正式评估：如何精准构建评估性问题 / 197

第一部分

BETTER
Questioning for Better Learning

提问的基础

在这一部分，你会发现所提问题得到的反馈，往往与自己的预期有很大不同。比如，我曾经在互联网上搜索"老师"这个关键词，搜到了30张老师在教室中的图片。让我非常惊讶的是，其中有28张展现的是老师站在教室一端，在白板或黑板前讲解；只有两张图片展示了老师在直接向学生提供具体的帮助。由此可见，人们对于"老师"的工作有着某种普遍性的观念，而鉴于存在这样的刻板印象，我选择不在本书中使用老师或者学生的概念。

不幸的是，这种对"老师"的传统、片面的看法还影响了许多强调实操实践的老师。实际上，大部分老师在活动中提出问题的方法如出一辙：一个人向一群人发问。这其实也从另一方面印证了我的观点。本章，乃至本书的主题之一，就是试图消除这种"向全体提问"的提问方式，你甚至可以把本书的内容理解为对这种提问方式的全面否定。这背后的理论基础，是每当问出这样的问题后，明明只有一个学习者做出回答，却指望所有其他学习者都能在最大程度上倾听与学习，这其实是不合理的。接下来，你会看到我对提出问题的不同见解：要是一个问题值得拿出来问，那所有的学习者都需要从某方面去回答该问题，甚至不是一次能完成回答。

BETTER
Questioning for Better Learning

第 1 章

问题：究竟为什么要提问

目前，我们认为的"教学"大多围绕着向学习者提问这件事。事实可以很好地说明，提问这件事有着怎样的优先级：教师的工作内容有 80% 是提问。在一个典型课程中，教师每小时会提出 30 ~ 120 个问题，每天会提出 300 ~ 400 个问题。即便问了这么多问题，还是有数据显示，如今在学校和高校中，使用常规提问策略其实并不能有效地提高学习参与度。研究者们埋头研究这个问题已有几十年的历史。各项研究发现了一些可能导致这种异常情况发生的原因，比如问题不够严谨、提问目的不明确、提问方法不充分，以及教师本身的经验不足。我们会在本书探讨以上各种情形的因由和目的。

提问的目的

让我们从"提问"开始讨论问题这件事。教师为什么需要提出问题？其实很大程度上是因为传统使然。从苏格拉底开始，教育家们就一直在发问。大家应该都熟悉苏格拉底提问法[1]。不过情况逐渐改变，不知何故，好像教师不拿问题来训练学习者的话，感觉他所做的事就不算"教学"了。多年来，随着教育环境的变化，教育者们对自己为什么要提问的看法也发生了改变，只是没有你想象的那么剧烈。1967

---

[1] 苏格拉底提问法讲求通过提问追求真理或可能性最高的真理。——译者注

年，有一个调查调研了 190 名美国教师；在 1987 年时，该项目又对其中 20 名教师进行了重复调查；然后在 2007 年，再对 86 名教师进行了第三次调查。在这三次调查中，教师们都只需要回答这样一个问题："教师向学生提问，有哪三个最重要的目的？"根据教师对该问题回答内容的优先级，研究人员发现，在这 40 年里，用问题"评估学生水平"的重要性下降了 9%，"匹配教师身份"的重要性下降了 19%，而这些都是用于检查教学效果的。同样是这 40 年时间，"敦促学生思考"的重要性增加了 14%，而"优化学习动机"，即让学生更多地发掘自身兴趣所在的问题也增加了 14%（见图 1-1）。2007 年和 1987 年的情况两相比较，展现一种非常有趣的趋势，而我也在自己的教学生涯中目睹了这一趋势的发生。在 1987 年，大家更强调用问题优化学生的学习动力而非敦促学生对学习本身的思考，到了 2007 年，两者间的差距已经非常小了。这可是个好消息！因为这表明了一种趋势，即教师开始调整自己提出问题的理由，以促使学习者产生自己学习的意愿，并利用问题来帮助他们达到更高的认知水平（在第 3 章中，我们将更详细地讨论这一想法）。下文将详细解读这三次调研的数据。

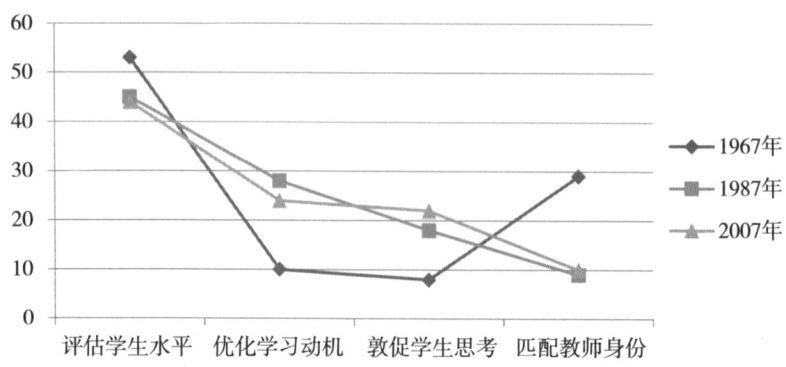

图 1-1　在有经验教师的提问中，不同提问目的的占比

提问的差距

美国教育变革40年，从教学策略到教学方法都发生了重大的变化。美国教育界经历过受斯普特尼克人造卫星项目启发的程序学习法，也经历了元认知及联接式学习，直到侧重基于脑科学的学习策略。其中一些因素恰恰就可以解释数据中所显示的观念转变。即便如此，人们仍然会认为，在2007年（乃至于今天），教师们的头脑中依然把最显要的位置留给了高阶思维。诚然，在这三项调研中，教师们均通过自我报告提出看法，这与他们在课堂上的实际表现并无任何关联，但"思考"的优先级仍然仅处在第三位的话，我们也不能指望在实际施教过程中，与之相关的问题能有多高的出现频率。我们也马上就要看到，还有其他研究所提供的数据同样证实了这一点。就提问而言，教师所认为的重要性与他们在课堂上实际使用的方式之间存在着很大差距。例如，对课堂上问题加以分类的布鲁姆分类法早在1956年就已问世，可在大多数课堂上，绝大多数提问的水平依然非常之低，60%~79%的问题是针对知识本身和理解水平的。1956—2002年，还有很多其他研究人员的工作也证实了这样的数据，而且数据一直持平。在前文所提过的研究中，教师认为有32%的问题应该与思考和教学有关，但在实际查看提问相关的数据时，研究发现教师们提出的问题里只有20%属于这一类。教师认为，应该问思考类问题的频率与他们实际问这些问题的频率之间存在12%的差距。如果考虑向学习者们提出的问题中至少该有50%针对高阶思维，那这一差距会进一步扩大至30%。如果把课堂上提出的实际问题分解为生成型问题（如布鲁姆分类分析、综合分析或评估类问题）和再现型问题（如知识和对其的理解），那差距会更明显。2009年，廷肯、高柏和德罗科对98名教师的教学进行了研究，在他们提出的所有问题中，只有24%是有效问题（见图1-2）。经验丰富的教师能提出32%的有效问题，显而易见，教师的经验能有效缩小提问预期和现实的差距，而新手教师提出有效问题的比率则为15%。

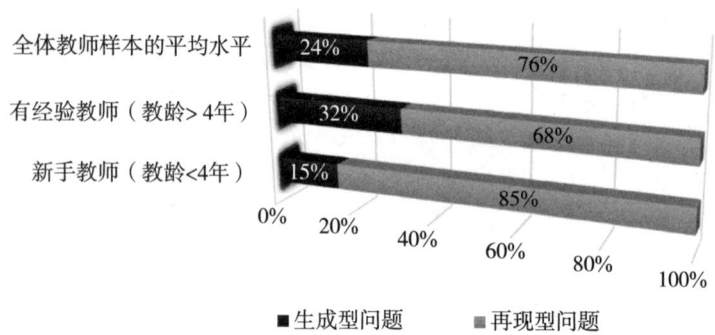

图 1-2 美国 2009 年 3～12 年级教师所提出的
生成型问题和再现型问题的频率

在同一研究中，廷肯等人还做出了如下的类比：

> 律师已经学会了拿提问策略当作地图来使用。就像制图师会在地图上标出通往目的地的路线一样，律师也会提前拟定好一系列问题，以引导当事人在庭审中得出他们想要的答案。其实跟律师和制图师一样，教师同样需要规划一条路线和相应的策略，以便有效地利用提问，并根据课程的学习目标引导学生思维的发展。律师不会漫无目的地提问，也不会忽略自身的战略目的与大局观；同样，教师也不应该放任学生的批判性思维发展，任其自生自灭。

本书的全部意义就是帮助教师们采取各种手段来构建一系列问题，以引导学习者们掌握他们所期待的知识与技能体系。不过教师需要提高提问能力的事实并不令人惊讶，更不是什么新鲜事。

早在标准化考试兴起之前，教师们就认为优先级最高的提问目的就是评估学习成果。虽然在横跨 40 年的研究中，人们对发问因由的看法产生了一些变化，结果却表明，40 年过去了，教师们提出的强调思考的问题数量却一直没变（见图 1-3）。回顾这段时期的几项研究，我发现观察课堂授课情况并加以统计时，有 80% 的问题是低水平的事实型问题，而只有 20% 才是思考型问题。

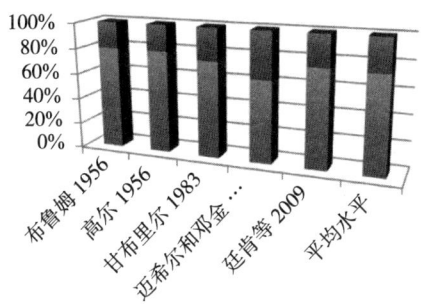

图 1-3 教师提问类型占比随时间的变化

既然教师知道高水平问题可以提高学习者的记忆力和学习力，那为什么他们仍然如此依赖低水平问题呢？这是因为教师们根本没有相关的技能或培训，无法通过提问将学习者带到更高的认知水平吗？还是真正相信提问的最终目标是帮助学习者在最高水平上学习的教师其实不多？抑或两者兼有？今天是你的幸运日！这两个问题的答案，此刻就在你的手中！本书的主要目标就是要帮助教师认识到提问的力量，并获得有效提问的实操手段和具体知识，同时了解如何用提问来吸引广大学习者。

究竟为什么要提问

提问的原因有很多，但可以归为四类：评估、动机、思维和教学。正如前文所说，教师通常会提出针对信息及技能的记忆水平与认知水平的问题来评估学习者的理解能力。然而根据布鲁姆分类法，这类属于低水平问题，只针对知识和对其的理解，而这在经验丰富的教师平常提出的问题中占比超过 80%。尽管掌握和理解知识的确是学习的必要起点，可许多教师的提问甚至从没超过这个水平。施默克（Schmoker）在 2006 年引用过这样一项研究，该研究观察了 1500 个课堂后发现只有 3% 的课堂采用了高阶思维活动，而且在 85% 的课堂中，只有不到50%的学生真正参与了教学（详见第2章）。施默克指出，教师应该理解如何让学生参与到更高层次的思维之中，而且在大多数情况下，他们也的确有能力让学生这样做，只是为了方便，他们放弃了使用这些技能（见第2章）。

当然，也许教师们真的不知道该如何准备并提出有效的问题。汉尼尔（Hannel）在2009年的研究中有这样的报告：教师对如何提问有个大致的概念，但如果让他们描述自己的提问策略，他们就缺乏与之相关的详细知识和精准流程，而教师的其他职责（如评估学习者）就没有这种情况。教师们没法详细解释自己采用的提问流程、提问的原因以及提问背后的原理（见第6章）。

提问培训

倘若提问占据了教学的80%，那教师应该弄明白怎样才能让提问更加有效。他们应该制定一个明确的提问策略，该策略能够涵盖学习周期中包括评估在内的所有领域，同时尽可能地在该周期中吸引大量学习者参与学习。教师应该能够描述自己对学习和记忆秉持的哲学，并知晓如何使用提问周期来实践。教师应该能够对他们所提出的问题在类型、目的以及对回答的预期方面加以分类。教师还应该精通设置"脚手架"问题，也就是根据布鲁姆分类法设置不同难度和复杂度的问题来帮助学习者更好地找到答案。教师应该习惯找出能体现学习者学习差距的有效问题。教师也应了解自己在提问时的倾向与偏好，并有能力说明为了应对这些倾向与偏好，他会采用怎样的策略和计划。对教与学而言，提问均是不可或缺的一部分，所以教师理应有能力提供与提问习惯有关的详细信息。不过很明显，有些教师的确需要获得具有针对性的专业发展培训，以便提出"高效问题"，每名教师其实都需要一本关于如何有效提出好问题的好书，本书便是其中之一，这样才能让所有学习者都参与教学，并能够在更高的水平上进行学习。

学习周期如图1-4所示。

- 获取知识;
- 对知识进行组织分类;
- 应用知识;
- 练习——融入长期记忆;
- 展示知识。

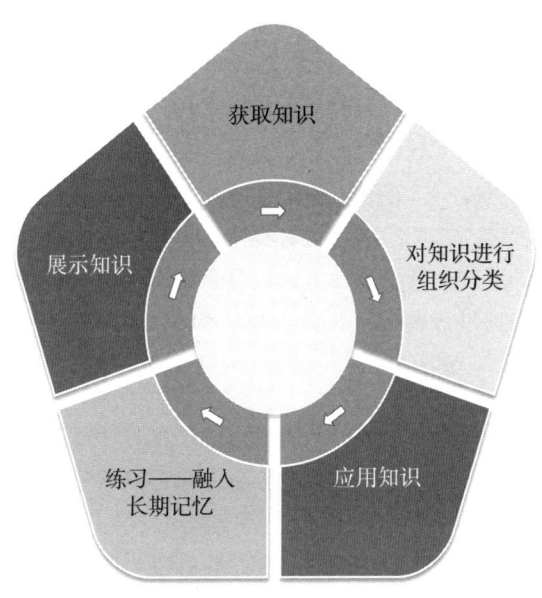

图1-4　学习周期

在三项历时40年的研究中,针对"教师向学生提问有哪三个最重要的目的"这一研究议题,最初有14种不同的回答。华莱士(Wallace)和赫斯特(Hurst)将这些提问的因由进一步归纳为四类:评估、动机、思维和教学。在研究中,他们排序的依据是所调查的教师们给出的相对重要性高低。我认为顺序应该是思维第一,随后才是教学、评估和动机,这更符合我们对学习者学习的记忆水平、学习效果及情感体验的了解。

思维

从"思维"出发去提问时,教师会帮助学习者从不同的角度看待概念,让学习者把新知识和已经掌握的知识进行比较,然后评估新信息的价值。这类问题通常具有真正的探究性,其答案也是未知的。它们往往是寻求解释、解决方案和意见的开放式问题(第6章会进一步讨论教师如何使用问题来激发学生思考)。

教学

从"教学"出发去提问时,通常也就意味着教师会把问题的答案隐藏在问题以及与问题相关的思路和引导中,这样学习者的想法也能够随着问题得到指引。富有经验的教师能够很好地以"脚手架"原则设置教学类问题,这类问题往往有具体的答案,而且涵盖了认知层面上比较简单的问题和智力层面上比较复杂的问题(第8章的第2节会探讨教师如何通过分层提问来引导学习者)。

评估

从"评估"出发去提问时,教师会尝试预测学习者的学习水平及其对教学内容的理解水平,这也会为进一步提问指明方向。评估类问题的主要目的是为了让学习者回忆、重述学过的知识。这类问题通常始于认知水平上比较简单的领域,如果设计得当的话,还可以评估学生在布鲁姆分类法中各个类目方面的理解水平(第四部分会探讨教师如何通过提问来对学习者进行评估)。

动机

通过提出"动机"类问题时,教师可以努力促使学习者产生学习上的举措,或者帮助他们理解自身的行为。许多课堂管理技巧都会使用提问帮助学习者反思,进而学会为自己的行为负责任。"元认知"技术就是一种动机提问技术,非常有助于引导学习者掌握行为背后的思维过程。动机类问题也能满足学习者的某些需求(第15章会探讨教师如何通过提问来强化学习者的动机)。

结论

回到本章一开始的"究竟为什么要提问"这一问题的答案，可以归结为以下几点：教师通过提问可以引导、激发、促进、刺激、激励学习者去学习。除此之外，提问还有许多辅助性的原因，不过这些原因对教师的好处大过对学习者的好处。但不管怎样，让学习者参与到学习中来就是提问最重要的原因。尽管华莱士和赫斯特的这套针对教师提问原因的分类方法并非所有研究者共用的唯一标准，不过它同其他分类方法一样优秀，所以本书将会沿用这套标准来进一步指导我们探索怎样的提问方式才是最有效的。接下来的章节将进一步定义提问的因由、实际问题的类型及学习者更多参与学习中这三者之间的关系。

小结

1. 教师在课堂上的教学行为至少有 80% 是提问，但出于种种原因，提问并没有帮助课堂参与者（即学习者）更加有效地学习。

2. 教师认为，评估学习者是提问最重要的原因，这在 40 年来未曾改变。不过，通过提问来让学习者有所思考及提高教学质量的情况略有增加。

3. 教师所认为的提问优先级与课堂上实际的提问模式之间存在着差距。

4. 有些教师其实并不太懂该如何提问。提问非常重要，所以教师本应能够详细描述自己用来帮助学习者学习的提问策略和技巧。

5. 本书采用对提问因由的四种分类，按优先级排序为：思维、教学、评估和动机。

BET
TER
Questioning
for Better
Learning

第 2 章

提问的视角：
提问时，学习者的大脑中究竟发生了什么

学习者在面对面学习中的思维过程

典型的学习场景往往包含面对面的师生互动或通过在线学习平台的师生互动，以及一些彼此相关的学习互动。信息通过各种形式呈现，之后的有效步骤往往是检查学生的理解情况。通常，检查以提问的形式展开。学习者收到问题，他们的脑海中又会发生什么呢？在课堂上与教师通过真人交互的学习者有以下几种与之相关的动态机制，我们来共同讨论一下。

其中一个动态是，如果可以的话，对学习最热衷的学习者会坐在第一排，而兴趣最为缺失的学习者会选择距离教师尽可能远的地方。还有一个动态是教师所提出的大多数问题是针对整个集体的一般性问题，并要求学习者自愿回答。而自愿回答的往往是那些对学习内容最感兴趣且性格较外向的同学。那其他学习者究竟是什么情况呢？难道他们是因为自己不知道答案而又不想暴露，所以才不主动回答吗？还是他们没有听懂问题，或者根本就不在意这些问题？他们是否因为缺乏自信，才害怕做出反馈？还是他们不想表现出知道答案，以免显得傲慢自大？抑或只是懒得费劲回答，反正总有人去回答？或者他们压根儿就没听见问题？谁都不知道。我们都曾在课堂上，出于以上某个

原因而没有回答提问。甚至还有一些人习惯性地从来不回答问题，以至于成了某种"原则"。先不管学习者不回答问题的原因究竟是什么，直接假设学习团体中的每个人都正在热切地关注着问题，并热切地希望知道问题的答案，这本身就很愚蠢。

因此，教师往往最终会选某个人来回答问题，而这个人通常就是坐在最前面或是最想回答问题的人。这样一来，其他人立刻得以解脱。他们失去了检验自身理解水平的压力，甚至也失去了听答案的压力。当然，他们也可能会听，只是现在的交流已经转变为教师跟某个学习者单独进行的交流，交流的对象不是整个集体，也不是他们本人。可能有些学习者的确会认真听，但听课本身是一种被动的活动，你稍后会了解，听觉必须与其他感官输入竞争，否则听到的信息没法在大脑中逗留许久。经验丰富的教师会持续提出大量类似问题，以让更多的学习者主动回答，尽量不让某个人包揽所有问题。可通常情况下，坐在前排的学习者还是会垄断所有问题，坐在后面的则非常乐意他们能够主动回答。

一些经验更丰富的教师会先把举手的学生忽略掉，转而向那些没有举手的学生提问。这样的确会让缺乏参与度的学习者更好地保持注意力，但并非一劳永逸。坐在后排的学习者也熟悉多种避开教师提问的技巧，如假装在做其他事情，避免跟教师进行眼神接触，故意把笔掉到地上等。通常情况下，简单回答"我不知道"就会让教师不再盯着学习者不放了。不过问题始终存在，也就是他们一直没有参与到学习中来。实际上，倘若教师仅仅在与某个学习者进行对话，其他人就只能被动地听。要是只有一名学习者通过自主选择或被动要求进入了"主动"模式，教室里的其他学习者会经历什么？没错，他们基本上什么也没经历！他们直接进入了"被动"模式。在被动模式下，来自教师与其他学习者对话的信息很容易被通过网状结构进入新皮质的所有其他信息淹没（见本章"学习者的大脑和网状结构"）。通常来说，在某个学习者回答问题时，其他学习者的大脑其实都在等待。他们可能也在听，但往往并不主动，这也使得"学习"或记住别人所交流内容的机会几乎为零,而且就算这么小的机会,也会在短时间内迅速消磨殆尽。显而易见,教师看似向全班提问,实则只能和一个学习者交流,这实在是一种非常低效的方式,并不能增加所有学习者的学习机会。此外,在这样的过程中,教师无意间还向其他等待参与的学习者发送了"你的时间并不重要"的信息。那他们很可能像我在许多场合里一样想:"要是讲师总是只和前面的学习者说话,那我为什么还要在这里呢?"

另一个问题就是,教师完成了大部分工作,而学习者只是简单地在那里,等待才华横溢的教师告诉他们需要知道的东西。教师向全体问了某个精心设计的问题,并挑了一个学习者来回答,还满心地期待其他人能够对教学内容保持专注。然而,最有可能的真实情况是,没有直接跟教师建立接触的学习者早就把注意力转移到其他思维活动上了,甚至玩起了电子产品。在 99% 的课堂、研讨会、工作坊,尤其是讲座中,发生着这样的事。我们一以贯之的提问方式让学习者养成了不良的学习习惯。接下来,我们了解一下该如何解决这一问题。

学习者在同步虚拟学习中的思维过程

同步学习指的是教师对一组学习者进行远程指导的学习方式,要求所有学习者在同一时间登录视频会议室,这种学习方式要求对学习者理解知识的情况进行检查,然而关键问题是学习者如果不听,教师很难控制他们能做什么、不能做什么。教师要求学习者主动回答问题时,可能出现与现实授课同样的问题,甚至借口还会多一些,如不熟悉技术或不会进行多任务操作等。最投入的学习者会回答所有的问题,不想回答的学习者也乐得如此。经验丰富的教师还是会要求参与度不高的学习者来回答问题,但这又会沦为两人之间的对话,使得其余学习者再次处于等待模式。

学习者在异步虚拟学习中的思维过程

异步学习这种学习方式是指学习者被赋予某个时间范围,并需要在此期间学好相关的学习材料,通常包括书面或视频的讲座内容,再加上一系列论述题。相对于前文提到的两种学习情景,异步学习的显著优势就是教师判断学习者参与度的唯一线索是每个学习者都必须做的同样的事情,如回答教师的问题或评论其他学习者的回答——尽管不是同时做。这就迫使学习者脱离"被动"模式进入主动模式。当然,学习者可以通过搜索引擎搜索答案,但即使如此,他们也必须找到答案才行,而且由于有了这样积极主动的行为,总会有些许知识留存在他们的大脑里。

你可能会觉得前面的示例有些做作,但我敢说,真实情况便是如此。现在我们来讨论一下,教师试图用问题去吸引学习者时,他们的大脑中还发生了什么。当学习者开始听讲,大部分时间是一种被动的活动,所以从被动听讲中获得的任何信息必须与其他所有争夺学习者注意力的东西进行竞争。

学习者的大脑和网状结构

大脑是一个神奇的机器。它分秒不停地接收、过滤和分类信息,大脑每秒的信息处理量可达数千比特。其中一些信息是我们主动选择去关注的,而另一些信息则是我们会自动忽略的,如身体的一些自主功能:心跳、呼吸、眨眼等。数据不断地经由外部感觉器官向大脑涌入,如外界温度、用铅笔涂鸦时的触感、呼呼作响的空调声、光线的强弱、前排女生身上的香水味、桌椅坚硬的质地、窗户上苍蝇的嗡嗡声、墙上时钟的滴答声,甚至教师的心跳声——感觉简直是感官超强的超人在小时候的样子!除此之外,对正处于初中高年级的学习者来说,因为激素和情绪的原因,能关注到任何事情都已经算是奇迹了!我们的问题便是,所有感官、激素和情绪上的输入都在不断地"轰击"着学习者的大脑，而与此同时，我们还期望学习者能留意我们提出的精彩问题。

好在大脑对此有个解决方案，即网状结构。网状结构是大脑的一部分，位于脊髓的上方，脑干的顶部，这是通往大脑的门户所在。它由特殊的神经细胞组成，并通过特殊的树突和突触实现了难以置信的大量连接。同样令人难以置信的是，这种结构使人们能够区分来自身体其他部分的信息、数据和感官输入的优先级，并能够专注于一件事。换句话说，人们通过网状结构才能注意到自己究竟选择关注的是什么。所有来自五种感官的信息以及来自肌肉即平衡系统的反馈都通过脑干传达到这里，而网状结构就可以过滤这些信息，并提供"注意"的能力，或者专注于流入大脑的大量信息中具体某一部分的能力。

我们都有过专注于某件事的经历，甚至专注到对噪音充耳不闻，忽略了冷热，不知道饥饿或疲劳的地步，没什么能让我们分心，这就是网状结构所发挥的作用。你在学习中有没有遇到过这种情况？对我来说，我在体育比赛、表演、写作、阅读、创造、房屋建造，甚至玩电子游戏时都有过超级专注的体验。你注意到什么规律了吗？这种专注不是被动获得的，而几乎总是来自主动的发起。

吸引学习者的注意力

接下来的内容很关键，即吸引学习者的注意力。这也许没那么难，老师只要说"好好听"或者"把这个写下来，到时候要考"不就好了？远没那么容易！不过好在我们对大脑的了解可以帮助我们。既然我们已经知道注意力或专注力都是由网状结构调节，那又是什么促成它们产生的呢？我认为是一种紧迫感。我们通常会把紧迫感看作某种消极的东西："你现在必须做，不然会出事儿。"这来自我们的亲身经历，身体感受上就是如此，如着急找洗手间的时候，我们的动作就会很快。眼前的威胁及其后果似乎最能激励我们。相应地，未来的威胁及其后果通常就无法让我们立即行动了，除非我们有过因为拖延导致灾难性后果的经历，或者我们属于那种有什么事都要赶快做完的那类人。只有紧迫的动机才能引起学习者的注意。而吸引注意力的最佳方法，就是把被动的倾听者变成积极的参与者。换句话说，要给学习者一些事情做，比如一个问题列表，要求所有学习者必须找到蓝眼睛的同学问一问，并记录答案；比如在幻灯片上展示问题，让他们用来测试同桌。或者更好的方法是，问问他们"莎士比亚所著的《麦克白》与什么关联度最高。墙上贴着答案，30秒内选一个最符合你想法的并站在下面"。随后再进一步跟进："接下来跟与你选择相同的人商议，对所有问题的答案达成共识。两分钟完成。"要知道，大多数学习者并不习惯主动学习，所以这肯定需要适应期和足够的耐心。

培养紧迫感

教师可通过多种方式给课堂定下基调，提升紧迫感。紧迫感往往需要设立较短的时限，这就需要任务本身具有重要性，不容忽视；同时还需要让任务安排个人化。倘若学习者不得不对收到的信息做些什么，紧迫感自然就产生了。

艺术和体育是充分利用这些想法的领域。在艺术创作和体育运动中，学习者必须先做好准备，然后才能在大家面前演示自己能做什么。这肯定同时涉及时间限制、重要性、无法忽视以及个人声誉。

用上文《麦克白》的例子，要是某个学习者必须和另一个学习者一起做些事，自然就会增强其紧迫感。如果学习者知道自己还必须向小组展示或为观众表演，也会自动地增强紧迫感。紧迫性的另一个方面是重要性。史蒂文·R. 柯维（Steven R. Covey）将外部动机分为四类：紧急且重要、紧急但不重要、重要但不紧急和不紧急也不重要。他指出，高效人士把大部分时间花在了应对那些重要但不紧急的事情上。我想在此结合他的表述，针对提问方式做出如下解读：教师需要创造同时包含紧迫性和重要性的问题以作为学习机会，紧迫性的意思是需要立即就这些问题做一些事情，重要性的意思是值得花时间来回答这些问题的（见图2-1）。

紧急且重要	紧急但不重要
重要但不紧急	不紧急也不重要

问题的特点

图 2-1　**提问象限（改编自史蒂文·R.柯维）**

不过在异步学习中，无法让问题变得既紧急又重要。唯一可以考虑去问的问题就是不紧急但很重要的问题（这意味着你总会有一些时间来做出回答）。要想提高提问技巧，就需要花时间去思考，看看提的问题究竟是不是属于"紧急但不重要"或"不紧急也不重要"，然后做出必要的纠正。

浮华并无必要

我们都认识这样的老师——他们穿着美国内战时期的制服，站在桌子上读诗，或者演示戏剧性的科学实验，制造出噪音和大量的烟雾，以吸引学生的注意力。"稍等一下！"可能有的教师会说，"我并不打算装扮自己，娱乐学习者，或者玩什么愚蠢的游戏。"放松点，我无意要求你这么做。这些方法在一定程度上适用于那些张扬又外向的教师。然而，好好学习的冒险之旅并不是看教师表演而已，它需要学习者的投入和参与。华而不实的教师的问题是：他们包揽了所有的工作，希望学习者自己能学到一些东西。然而，学习的真正力量在于学习者必须自己坐上驾驶座、亲历枯燥艰苦的学习、探索月球、同达尔文讨论、协助居里夫人。任何一位敬业的教师都可以激发这种学习，因为这无关表演技巧，而仅仅与提出问题、触及学习的核心有关，学习的核心就是获得新技能和新知识所产生的兴奋与热忱。

可能有人会争辩说："学习就是要获得永久的知识和技能，这是一项艰苦的工作，恐怕并不有趣。远离那些哗众取宠的活动或者那些'有趣的东西'，才能让学习者为大学课程、研讨会或工作坊做好准备，毕竟这些课程要求严格、难度又高，而且坦率地说，也很枯燥无聊。"我对此的回答是：

你真的想让他们知道你在展示什么吗？你想让他们在离开课堂后还继续学习吗？你想让他们对自己的学习感到足够满意，从而想通过参与大学课程、研讨会、工作坊或关于这个主题的演讲来学习更多东西吗？

那就需要在精神、身体、情感甚至灵魂上与他们互动，让他们感到愉快才行。

因此，诸位老师、讲师、教授、培训师们……大家请注意！如果你想让学习者意识到所参与的"学习"很重要的话（倘若不重要，那为什么要浪费他们和你的时间呢），你就必须让它比其他所有争夺学习者注意力的事情更炫酷，更吸引注意力。其中的诀窍就是，给学习者一些他们必须集中注意力去应对的紧急事件，比如对每个学习者提出结构良好的问题，并邀请他们做些事情。

以光速运行的大脑

我们已经讨论过，争夺大脑注意力的持续竞争给教师带来了大问题，所以需要努力让学习者保持专注。还有另一件我们要处理的事，就是大脑会以一种接近光速的速度运转，而人们常不自知（既不知道自己的大脑运行得有多快，也不知道自己的大脑居然运行这么快）。

当心智处于"静止"状态,即"被动"状态时,它是怎样运行的呢?其实并不仅仅是进入空档而已。大脑总要专注于某些事情,比如白日梦、涂鸦或内心的烦躁。就算我们睡着了,其实大脑也在疯狂地思考。听说过快速眼动周期吗?那就是我们的大脑在睡眠中还在进行活动。除非学习者被要求做些事情,即被要求在学习中积极表现,否则大脑就不会提供太多的资源到学习之中。它会转向其他自己感兴趣的事情。如前所述,感官上的干扰、情绪、手机、音乐、消费主义、电子游戏和能刷能看的电子产品等使教师们面临一个严峻的挑战,那就是怎样让学习者集中注意力。

青少年和成年学习者都必须努力"集中注意力"并积极倾听,这样才能从讲座、无休止的谈话和全班提问中获得他们需要的信息。学习本不该这么难的,不过好在解决方法其实也简单:通过提问来让学习者主动参与学习。大脑的运行速度太快,分心也很快,因此在提问时,好的节奏非常重要。如果学习者需要承担任何大脑不能容忍的长时等待,就算大脑感兴趣、能投入,也差不多要走神了。面对现实吧,即使是最有才华、最风趣的教师也不可能光靠自己一直吸引着学生的注意力。

为了把握提问的节奏,教师必须事先准备一份问题清单,并设定问题的回答时限(在第6章,你将学习如何在指导之前编写"野猪式问题")。爆米花式提问在构建快节奏方面效果很好,非常适合五到六名学习者组成的小组。不过在多人大组中尽量不要尝试这种方法,因为倘若只问一个问题,很难让六名以上的学习者端坐在桌子周围。可以在每个组中指定一名学习者作为"问题大师",还可以另外指定一名学习者作为计时员。如果学习者年龄比较小,那教师可以出任计时员。问题大师有一张列有五个问题的清单,大家必须在设定的时间内回答这些问题,时长不超过三分钟。问题大师会快速、随机地向小组成员分发问题。所有问题至少会被问三次,或者直到小组中每个人都正确回答了所有问题。如果问题回答错误,就需要重复回答,直到答案正确。教师把在整个小组的问题交给学习者,并让他们自己来提问和回答，可以让学习者全方面参与学习。这样一来，学的人快乐，教的人高兴，何乐而不为呢？

在典型的课堂问答环节中，一个问题每次只由一名学习者回答，这给了"只能听着"的学习者的大脑一个"完美"的机会去思考更有趣的事情。一个简单的解决办法是让所有的学习者共同回答问题，与此同时，教师巡查巡视、检查答案、鼓励大家。对教师来说，关键点就是需要让活动更像一场趣味表演或比赛，而非调查或演习。这种方法有一大好处，就是倘若某个学习者不知道答案，那么只要其他人回答了，他就知道答案了。等教师再次提问，他便能自己回答了。借助已经设计好的问题列表难度进行构建和分层（野猪式问题），教师就可以在快速提问的同时，保持推进教学的进度。其实，15 分钟已经足够提出和回答许多问题，并让每个学习者保持活跃和投入。再次指出，教师一定要在教室里巡视走动，这样在学习者回答问题时，就能走到他们身边去听。如果学习者并没能提供正确、恰当的答案，教师就需要回溯寻找知识中的误解或差距究竟在哪儿（参见第 13 章）。随着学习节奏加快，教师可以省下更多时间，而且因为学习者的大脑没分心，学到的内容反而更容易形成长期记忆。

本书所提到的"提问"，均指"提出让尽可能多的学习者可以参与其中的问题"。在阅读书中分析学习者面对教师提问时的态度的内容时，你可能已经想到了几种可以提高教学效率的解决方案。接下来的章节将继续探讨如何调整问题，以最大限度地敦促所有学习者进行学习，而非仅仅是坐在教室前排的那些人。本书的全部目的就是提供知识、工具和实践方法，以改变"典型的"和基本上无效的提问传统，并确保每名学习者都有机会回答"伟大"的问题。本书将帮你养成有效的、包罗万象的提问技巧，并指导你为你所负责的学习者量身定制问题。此外，期望本书可以改变这种刻板印象，即教师只有站在所有学习者面前并向所有学习者提问才有效。

小结

1. "听"是一种被动的努力,没有教师能够控制或监督。教师要是能让学习者参与到某些事情中,就能将对方从被动模式转为主动模式。

2. 面对面的学习情景必须处理学习者外部和内部存在的各种干扰。同步在线学习情景同样具有类似的干扰,每名远程学习者周围环境的不可见性甚至进一步增加了干扰。异步学习最大限度地减少了分散注意力的情况,因为每名学习者都必须回答每个问题,否则就得不到出勤和参与学习的学分。

3. 学习者的不良学习习惯,说明我们提问的方式有待改善。"一次提问由一个人回答"的典型场景并不意味着所有学习者都在跟着学习。对于大多数学习者来说,这其实是学习时间的巨大浪费。

4. 无论问题有多好,提问方式决定了学习者究竟该如何回答问题。

5. 网状结构允许我们去选择集中注意力。换句话说,它就是负责专注力的器官。每名学习者都在接收着大量感官信息,而听觉仅仅是其中之一。即便教师会通过一些浮夸的设计和行为来刺激学习者,以吸引他们的注意力,学习者也仍然处于被动模式。

6. 紧迫感是吸引和触发注意力的要素。为了帮助学习者集中注意力,教师必须提供一种紧迫感,以便让学习者提出和回答他们自己的问题。紧迫性还意味着行动有时限且重要。对于异步学习来说,回答问题的时间可以延长,但问题本身仍然必须有重要性。同时,尤其要关注回答质量和答案的真实性。

7. 大脑运转速度极快,任何滞后都会使学习者丢失注意力。要让所有学习者参与需要快速回答的提问活动,从而强化学习效果。

BETTER
Questioning
for Better
Learning

第3章

全脑问题：
什么类型的问题才与基于大脑的学习兼容

大脑与问题的力量

35年来，研究人员一直告诫我们，倘若课堂上缺少高阶思维，学习者就无法有效地回忆或利用他们所学的知识。不幸的是，长期以来由于参与式学习的重点一直都是争取通过标准化考试，而学校通常会因为表现不佳而遭受惩罚，这无疑也使得教师跳过高阶思维"好玩有趣"的部分，而只关注让所有学习者通过考试的最低标准。可惜这样做的时候，教师犯了一个"经典"的错误，即牺牲长期利益而选择短期利益。由于缺少深入的挖掘，学习者只是为了通过考试，获得肤浅信息的短期记忆，而非从深度思考、长期学习中获益。在已经引入基础知识的前提下，让学习者参与到高阶思维中来，除了有趣、有吸引力和有价值之外，实际上还有助于将这些知识和技能融入永久记忆中。换句话说，略过更高级的思考并不是什么好主意，因为高阶思维会让学习者积极思考并记住学习内容，这才是至关重要的。正如丹尼尔·威林厄姆博士所言，长期记忆（即学习）就是深度思考的结果。这么一说，我想你就能明白了。如果我们希望看到参与式学习能取得重大的进展，那就不能继续关注因为标准化考试而设立的最低标准。

我们已经了解，大脑并不是由孤立的左右半球简单组成的，它是一个发挥所有大脑功能的完整系统。更重要的是，研究表明整个大脑甚至延伸到了颅腔以外的肌肉和感觉器官。我一直重复强调："身脑相连，要是你能让身体好好运转，那你也能让大脑好好运转。"因此，想要真正有效地激励学习者学习，就必须更加关注"促进学习的行为"（也就是教学）与大脑的最佳学习方式之间的一致性所在：全面进行。这不仅是为了迎合普遍的学习风格所包含的学习倾向，也不是简单地让大家的身体动起来。这意味着我们必须提出一些问题，要求学习者做一些有目的性的事情，要么获得知识，要么应用知识。

作为教师和教育者，我们的职责是激发学习者的好奇心，启发他们多研究，引发他们深入思考，所有这些都能创造神经通路和"心智习惯"，这也是我们希望学习者能在未来的学习和职业生涯中继续发挥作用的东西。我们最有效的工具就是提出问题，它有能力做到以上所有的事情，甚至更多。

我们对大脑的一些了解见表 3-1。

表 3-1　　　　　　　　　　大脑的特征

我们对大脑的了解（Caine & Caine，1991）	
"大脑是一个**并行处理器**" 我们是怎样做到同时看、听、写的呢	"学习涉及人的整个<u>生理机制</u>" 为什么像骑自行车、游泳或演奏乐器这样的技能无法被忘却
"对**意义**的追寻<u>与生俱来</u>" 为什么我们喜欢字谜、谜语和笑话	"通过'**模式化**'来寻找意义" 为什么最好的音乐作品总会重复某些旋律和模式
"**情绪**对模式化至关重要" 为什么我们对童年的个人事件记得如此清楚	"大脑同时进行着**部分**处理和**整体**处理" 在购物时，我们是怎样不仅记住要买什么，还保持消费不超预算的

第3章 全脑问题：什么类型的问题才与基于大脑的学习兼容

续前表

我们对大脑的了解（Caine & Caine, 1991）	
"学习同时涉及**集中**注意力和对**周边信息**保持敏感" 我们是如何学习在运球时还追踪球场上其他球员的的位置的呢	"学习总是包含**有意识**的过程和**无意识**的过程" 是什么让我们不仅记住了书上写的东西，还记住了我们读到这些东西时的感受
"我们至少有**两种**不同类型的记忆系统：一种**空间**记忆系统，一种**靠死记硬背**来学习的记忆系统" 我们为什么不费吹灰之力就能记住早餐吃了什么，却必须把一个电话号码重复好几遍，才能记得住	"把事实和技能嵌入自然、空间记忆中时，我们的**理解**和**记忆**的效果最好" 我们为什么在看电影后，就能把整个故事、情节、主要人物、高潮完美地复述出来

与大脑工作方式相匹配的问题提供了一种新方式，使我们能够利用宝贵的时间来激励大家学习，还可以帮我们吸引所有学习者保持注意力。例如，下面这些问题就利用了大脑寻找意义的能力：

- 如果"来"的反义词是"去"的话，那加上偏旁后，"涞"的反义词又是什么？
- 一年中哪些月份的天数少于31天？如果每个月都是30天，会对"年"产生什么影响？
- 如果5乘以B等于10，那B是多少？
- 光如何既是波又是粒子的呢？

寻找模式和意义的问题：

- 在埃德加·爱伦·坡（Edgar Allen Poe）《乌鸦》（*Raven*）中反复出现"永不复焉"有何用意？
- 如果计算机屏幕上出现了504错误，下一步该怎么办？
- 作者所说的"巧克力蛋糕就是我的阿喀琉斯之踵"是什么意思？
- "滚石不生苔"这句老话可以在哪些场合使用？

利用你的空间记忆或经验记忆提问：

- 为什么熊妈妈对金发姑娘的所作所为感到不安？
- 第一次骑自行车的时候，你有什么感觉？
- 在"法国大革命"期间，法国还发生了哪些政治事件？
- 听莫扎特的《G 大调弦乐小夜曲》第一乐章时，你觉得哪部分最为突出？
- 看过弗兰克·卡普拉（Frank Capra）的电影《美好生活》(*It's a Wonderful Life*，1946）后，你对自己的生活有怎样的看法？

与集中注意力有关的问题：

- 观察瓶子里的鱼，你看到了哪些不寻常的地方？
- 你会如何纠正这一过程并得出正确的答案？再读一遍你的作文，有哪些内容可以改进？听着愤怒的客户抱怨，你该怎么想？
- 诊断计算机问题时，你该先采取哪些步骤？

前文已经提到，身体跟大脑是相连的，教师通过调动学习者在学习中使用多个感觉器官，可以显著提高学习者长期记忆的概率。我在担任一所小型特许小学的执行董事时将这一原则进行了非常有效的应用。在美国，每个特许学校都有自己的专长（或噱头）来吸引家长让孩子注册入学，而这所也并没什么不同。这所小学的教学系统是基于鲁道夫·斯坦纳（Rudolf Stiener）这位德国教育家的教育思想，这位教育家所倡导的教育哲学理念是：你必须教导孩子的一切，而非仅仅训练他们的大脑。所以，在他制定的课程中包括大量的艺术、运动、音乐和戏剧。这种教育哲学的有效性获得了大量赞扬，其中最典型的原因当属他所创立的华德福课程（Waldorf curricula）的毕业生中涌现了诸多著名艺术家和专业人士。我之所以提出这一点，也是为了强调，增加人们身体与知识或技能互动的方式可以强化记忆（学习）。我们可以很容易地通过提出问题、要求作答的方式让身体参与艺术、音乐、运动或创造（如建筑、解决问题、STEM 项目等）。

下面是一些可以激发创造性的示例问题：

- 你要如何在一首歌中表现酸与碱的相互作用？
- 如果画一张图来回答这道数学题，你会画些什么？
- 如果不用语言而用动作来展现逻辑运算，你会怎么做？
- 你会怎么编舞来展现化学中的共价键？
- 你会怎样把1812年的英美战争改编成一场戏剧？
- 如果材料只有稻草，你要怎样建造一座吊桥？
- 如果你给《古水手之韵》（*Rhyme of the Ancient Mariner*）配乐，那听起来会是什么样的？
- 如果把代数定理和公理转化成魔法规则，你会用怎样的魔法和魔杖来展现代数？
- 你会如何利用一个激动人心的故事来讲述罗马的陨落？
- 如果让你画出盟军在诺曼底登陆前后的对比，你会怎么画？
- 如果让你为一个六岁的孩子讲述蝴蝶的生命周期，你会怎么讲？

高阶思维与问题

问题如何引发基于大脑的高阶思维

在深入探讨基于大脑的学习之前，我需要先澄清一些术语，或者更确切地说是流行语、被过度使用的术语，乃至关于思维的一些陈词滥调。在不考虑我们究竟在说什么的情况下（咧嘴笑），在我们不加区别地使用"批判性思维""问题解决"与"分析性思维"这些词汇时，经常会将不同类型的思维都称为"更努力地思考"。一旦使用这些术语，目的就是识别某种特定类型的思维，这种思维需要独特的认知功能，以产生特定的结果。因此，为了激发学习者进行分析性思维，教师必须提出一个需要分析性思维才能回答的问题（见第8章第2节）。

正如第6章所讨论的，教学的技巧和艺术是让每个学习者都能把自己的大脑投入思考问题。假设问题得到了有效的传递，学习者也开始面对该问题，思考随即开始。然而，前文又提到思考的类型取决于问题的类型。说到大脑，我们知道有两种学习系统。行为主义的分类记忆依赖于重复的刺激和反应，如为了记住某个电话号码，我们会重复该号码。相对应的是强调体验性的空间记忆，如观看电影或观察重大事件等经历而产生的即时记忆。在稍后讨论的布鲁姆分类法的较低层次中，知识、事实和数据需要持续重复，才能从短期记忆转入长期记忆。在布鲁姆分类法的较高级别中，有些级别的学习会因为其特质特别适合使用空间记忆：实验、探索、历险、创造、团队工作、设计性学习、项目化学习等。这些经历创造了瞬间记忆，也使得学习变得更愉快、更有效。在分类记忆学习活动之后使用空间记忆学习活动，还可以引导学习者进一步深入思考，正如我最喜欢的作家之一丹尼尔·威林厄姆博士所说："记忆是思想的余烬。"学习者在深入思考的时候，其实不仅在记忆事实和主题，还在理解概念、要旨、原则和理论，而这些可以转移到其他知识、概念、原则之上。简而言之，使用让学习者参与深度思考的空间记忆系统可以使学习（记忆）成为永久性的。这不恰恰就是我们想要的吗？不幸的是，这些更高层次的学习经验经常被无视，原因是它们不是那么必要的。更糟糕的是，教师要为之进行的准备工作太多了。平庸的思维方式就仿佛准备了一个没肉的三明治，让学习者对他们所得到的教育经历十分不满意，于是追问"牛肉呢"。当然，我们希望学习者可以"更努力地思考"。更具体地说，我们希望他们能获得知识，并能够利用这些知识去做些什么。这个能够用获得的知识和技能做某事的过程，恰恰就需要不断的回顾和努力。首先，在学习者能够把知识作为一个平台，进一步跳入未知领域之前，学习者需要在头脑中建立具体的知识基础。简单来说，学习的第一步是获取知识和能够理解（使用分类记忆法完成）。一旦做到了这一点，学习者就必须进行高阶思维，以将这些知识永久地保留在自己的大脑中（使用空间记忆法完成）。

很多人已经讲过高阶思维技能（higher-order thinking skills，HOTS）这一话题，但本书还会简要地回顾一下。简单讲就是，本杰明·布鲁姆博士（Dr. Benjamin Bloom）在 1956 年对认知领域进行了划归分类，他其实也对其他一些领域进行了类似工作，但没有什么影响力。在他的释义中，一些心理活动就是比另一些心理活动难。他创造了一个我们称为"布鲁姆分类法"的层次结构：知识、理解、应用、分析、整合与评估（见图 3-1）。对此的普遍共识是布鲁姆博士及其团队基本上是正确的，只不过整合与评估应该调换一下位置。我同意这个结论，因为我相信创造事物要比评估事物更难些。布鲁姆分类法日趋完善，也讨论了教育领域中的种种遗毒，但令人惊讶的是，其基本原则无可辩驳，历久弥坚。高阶思维技能被描述为"应用及以上层次"的技能。

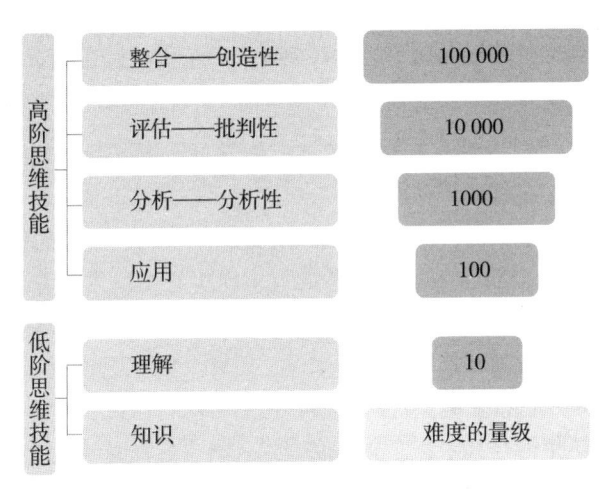

高阶思维技能	整合——创造性	100 000
	评估——批判性	10 000
	分析——分析性	1000
	应用	100
低阶思维技能	理解	10
	知识	难度的量级

图 3-1 本杰明·布鲁姆博士的认知难度表

作为教育工作者，我们仍然热衷于探讨如何让学习者拥有更高段位，可在实际工作中，我们教学的层次却低很多。以此作为起点有其必要性，因为学习者在获得知识和能够理解之前，由于缺乏具体的基础能力，并不能处理"应用及以上层次"的心理功能。许多教室中的"悲剧"在于，由于需要通读教材，或者在确保学生达到最低要求方面存在持续压力，或者公立学校要求学生好好准备国家考试，如此种种，就导致教育工作者、教师和培训人员在教学中往往无法让学习者达到高阶思维技能的水平。普遍达不到高阶思维会带来两个主要后果：（1）学习者积累了大量的知识，却几乎没有用得上的机会；（2）因为一直都在死记硬背，所以学习者开始把学习看成某种让人不快的苦差事。

请别误解我的意思。真正、踏实的学习当然需要努力的付出和严格的纪律，但并没哪条规则说学习过程一定就不愉快。另一个导致高阶思维技能缺失的系统性原因是教师们图方便。直接把答案告诉学习者，要比创造一个学习情景让学习者自己去挖掘答案容易得多。我想格外强调，对教师来说，在备课中采用高阶思维技能，往往意味着更多的工作与准备，以及赋予教学对象更大的信任，但在我看来，其益处依然超过了任何不便之处。

那么，让学习者参与高阶思维技能学习究竟有什么好处呢？第一，思维经验会将知识和技能存入长期记忆；第二，应用、分析、批判和创造要比记忆和实践更愉悦。最起码，接触过高阶思维技能类问题的学习者会更有效率，思考的效果也更好，这意味着他们能更好、更长时间地记住知识，毕竟空间记忆系统具有即时创建长期记忆的能力。对于教师和长期学习者来说，还有个更重要的效果：如果学习者准备好了进行更高层次的思考，他们会对自己正在做的事情更感兴趣，更愿意参与其中，而非造成干扰。学习者本身就是决策者，他们决定如何回答教师提出的问题，而且由于存在良好的学习体验，学习者也更愿意接受额外的学习安排。毕竟，人人都有属于自己的课堂"恐怖"故事，并经常用这些故事来证明自己对数学、科学、历史等科目的厌恶和无力。

"没有人能超越自己最不切实际的期待，除非他们一开始的期待就特别不切实际。"拉尔夫·查瑞尔（Ralph Charell）在他的书《怎样让事情按你的意思办》（*How to Make Things Go Your Way*）中说的这句话实在是正确。学习者永远达不到天才水平，除非教师一开始就用天才水平的问题来挑战他们。教师必须使用有效的问题来"启动"学习者的思维，而一旦学习者开始发力，他们就必须持续提供更多天才水平的问题。《为什么学生不喜欢上学》一书的作者、认知科学家丹尼尔·威林厄姆博士警告说，问题太难，学习者就不会回答；可问题太容易，他们又会忽视问题。解决难题的能力只能随着时间的推移而发展和培养出来，不存在一蹴而就的可能性。在我所写的《教学生挖得更深》（*Teaching Students to Dig Deeper*）一书中，我曾讨论过一个准备好上大学或投身职场的学习者所必备的素质之一，就是处理迫使自己冒险进入陌生领域的问题和难题的能力。

促使学习者使用高阶思维技能的、基于大脑的问题其实也有可预测的结构（见表 3–2）。第一，它们都是开放式问题，需要用一个句子或一段话来回答。答案不是简单的"对""错"或者一两个词；第二，这些问题都倾向于发散，而非收敛。发散性问题通常有多个正确答案，还可能延展出更多问题，而非仅仅指向某个单一、具体的正确答案；第三，高阶思维技能问题的另一个特点就是给学习者提供一定的回答自由度；第四，倾向于高阶思维技能类型的问题通常都需要逻辑、演绎和假设来应对。

表 3–2　　　　　　　　　　高阶思维技能问题实例

HOTS	特征	问题
应用	解释	如何利用分数来烘焙蛋糕
应用	应用	如果有人割破手指而且受伤严重，你会怎么办
应用	设计	基于亚当·斯密的经济哲学，你会如何设计一套经济系统
应用	拓展	如果我写好一封电子邮件，该怎么做才能群发给多个人
分析	分类	你是如何给背包和钱包里的东西分类的
分析	比较	水这种物质有哪些独特之处

续前表

HOTS	特征	问题
分析	过程	你会采取哪些步骤来说服他人购买你的产品
分析	对比	亚伯拉罕·林肯曾经面对的挑战,哪些今天已经不存在了
评估	选择	如果两辆车的价格一样,你会如何选择购买
评估	看法	你觉得《麦克白》的情节如何?为什么
评估	批评	你会为客户服务代表提出哪些改进建议
评估	区分	在创作一件艺术作品时,哪些颜色是最吻合的
整合	构建	如果我给你 12 根吸管和 11 块棉花糖,你会造个什么
整合	假设	第二次世界大战结束对我们造成的哪些影响持续到了今天
整合	创造	如果让你来写夏洛克·福尔摩斯系列小说中的《红字》,你会怎样结尾
整合	预测	请看这两个条形图,分别显示了两项投资的增长情况,如果给你 10 000 美元,你将如何投资

小结

1. 使用促进高阶思维的问题不应被视为可有可无的选项,因为它实际上可以增强记忆效果,即有利于学习。

2. 大脑具有很多特殊的技能和能力,却在教学和学习中经常遭到忽视。

3. 调整我们的问题以更好地适应学习者的思考方式,可以让学习更容易、有效。

4. 身脑相连。如果身体在学习,比如正在创造什么,那么大脑也是如此。

5. 本杰明·布鲁姆博士将心理活动分为六类,每一项都比前一项更困难:知识、理解、应用、分析、整合与评估。其中后四项活动被称为高阶思维技能(HOTS)。

6. 承担通过考试的压力,准备高阶思维技能类活动的额外努力,这导致许多教师在面向学习者时很少使用高阶思维技能问题。

7. 高阶思维技能问题不仅能提高学习者的记忆力,还能提供更愉快的学习体验。

8. 为了提出高阶思维技能问题,应该先打好"知识"和"理解"方面的基础。

9. 高阶思维技能问题都是开放式的、发散性的,并允许答案以多种形式呈现。

BETTER
Questioning for Better Learning

第 4 章

虚拟提问的区别：
面对面教学跟虚拟教学在提问上的区分

2019 年，摩根 - 托马斯（Morgan-Thomas）和杜德乌（Dudau）对学习者的在线学习参与度进行了一项有趣的研究。他们发现有三种类型的在线学习者，并在分析中将其标记为"猪型"学习者、"负鼠型"学习者和"马型"学习者。"猪型"学习者在参与在线讨论、测验和聊天时毫不设限，不加选择，什么都要做；"负鼠型"学习者会对线上内容加以区分，参与程度适中；而"马型"学习者则拒绝自愿参与任何线上活动。研究人员想知道究竟是什么对参与度的影响更大：是教学法，还是教学内容。他们认为"负鼠型"学习者会成为理想的在线学习者，因为他们有选择性地参与到利于其个人学习目标的学习资源之中。然而，我认为创建真正有效的在线问题应该能够覆盖这三种类型的所有在线学习者。无论同步在线学习还是异步在线学习，在为在线学习者设计问题时，都需要考虑以下几点。同步在线学习的确带来了一些挑战，不过依然可以在一定程度上加以缓解，我们还有机会。

设置期望

在线上课堂提问时，如果不要求所有学习者打开摄像头，真实地用视频展现自己，那学习者很容易在登录后转做其他事情，或者一边上课一边干别的。在这种情况下，教师会错失视觉线索和面部线索。

要知道，这些线索会表明学习者对呈现的学习内容有怎样的反应，而这恰恰是同步在线学习的优势之一——教师可以看到所有学习者的脸，而不必在房间里走来走去，也不会在注意某些人的同时忽略其他人。全班成员都在同一个屏幕上，教师可以很容易标记出哪些学习者因为某种原因没有参与，哪里可能有问题，或者哪里需要下工夫。当然，教师必须事先提醒所有人可能在任何时间做分享。除此之外，还要确保学习者明白如何在适当的时间将麦克风静音，以及取消静音。在同步学习中，可以安排个人发言，也可以安排小组发言，不过若在线学习者同时打开所有麦克风，只能起到相反的效果。

有些人可能认为同步在线学习限制了他们的教学方式。可如果允许他们肆意展现自己的教学方式，很可能会放大其施教风格的缺点。比如不拘小节的老师可能会变得夸夸其谈，让学习者难以参与到课程中。一个精明聪慧、精通技术的教师会有效组织学习方式，采用不同于真人教学的方法来加强学习效果。下面将介绍一些优秀的异步教学教师采用过的好办法。

高科技含量和低科技含量的解决方案

要满足每一个在线课堂学习的实际需要，需要用到高科技含量的解决方案，也需要用到低科技含量的解决方案。如果拥有强大的在线学习管理系统及其他技术手段和软件，那教师可以创建学习双人组、三人小组、四人小组、内容核心小组或辩论论坛，以让学习者回答和提出教师设计、准备的问题。教师通过访问这些不同的聊天室、对话空间或论坛，确保学习者既保持活跃，又参与课程。要了解人性的特点，教师的到访不仅是固定检查，还要大家每隔几分钟就针对问题做出回应。

对于低科技含量的情况，电子邮件是很好的工具，要求学习者把所有的对话都抄送给教师，而且将教师分配给他们的主题保留在电子邮件的主题行。倘若更改了电子邮件的主题行，则会启动一个新流程,并导致每个人要做更多的工作。不管科技含量的高低,教师的工作都是设置和发布学习的结构、期望和内容,问题当然也包含在内,教师在在线课堂中需要成为质量控制经理,需要去评论、鼓励学习者,并公开指出做得好的地方,私下批评做得不好的地方。第 5 章将探讨"实质参与"的概念,但现在教师需要在聊天室或电子邮件中随时提出意见、建议和批评来让学习者知道教师一直存在。这确实需要教师奉献太多的时间和精力。如果不管学习者的参与度,只顾自己讲当然不难了。提高互动性的一个方法,就是准备一个 Word 文档,里面提前写好最普遍、常见的评论话术(参见表 4–1)。这样教师可以很方便地向每个人提供评论,同时也能让教师专注于那些需要特别关注的学习者。请记住,无论是同步学习还是异步学习(甚至面对面学习),目标都是要让每个学习者回答问题。

表 4–1　　　　　　　　　非同步学习中的动机反应进程

学习者反馈中的普遍的评论话术
你准确地回答了问题,论据充分,而且说明论据的引用也很恰当地支持了你的观点。干得漂亮!你还有什么其他的想法来加强你的答案吗
非常棒的反馈!我很欣赏你回答的完整度,以及对细节的关注。你还通过正确的引用记录了论据。对于……你有怎样的看法
你的回答显然经过了深思熟虑。谢谢!请同时附上支持观点的论据,以及论据的引用来源。你能在哪里找到更多的信息来支持自己的想法吗
谢谢你的努力付出。就差一点点!请考虑这一点……或者那一点……然后再重新提交答案,还请列出论据和引用
感谢你能回答这个问题。你的回答表明你对这个问题有所误解。也许这样会有所帮助……(用不同方式重述问题)。请重新提交论据和引用
请在回答中增加实质性的支持内容,而非仅仅表达意见和观点。这包括对问题的完整回答,并提供来自研究的论据,或经过恰当引用的论据。请重新提交回答
请与我进一步联系,我想跟你谈谈你的回答

准备线上问题

我们现在已经了解了在线学习的形式，接下来就要开始准备问题了。在线提问能否成功的关键在于对学习者的回答及反应的预测。在面对面学习场景或同步在线学习场景中，追求效果的教师会提出一系列与学习者的回答相对应的问题。异步在线学习场景中，教师也可以这样做，只是在提问和收到答案之间，存在时间的滞后。不过，有个简单的技巧可以节省你和学习者的时间，那就是整合多个问题，不过最多只能整合两三个。提出多个问题或将其整合为复杂问题并无不妥，因为异步学习者在回答过程中，依然能够展现自身的能力和进行深入的思考。

关注于问题

如同面对面教学，教师提的问题越聚焦，学习者的学习效率和效果就越棒。首先，我们要探讨提问的目的。从表面上看，提问的目的显而易见：让学习者好好回答问题。没错，教师的确是希望学习者好好回答问题，但如果我们不做更深入的剖析，提出的问题只能沦为让学生复述与回忆的低水平问题。或许描述"目的"的更佳方式是，希望学习者为了回答问题而进行某种特定类型的"思考"。正如我们之前所了解到的，思维技能也有高低之分，从难度适中到非常困难的都有，不过回想一下，我们的提问往往都落在趋于容易的那一端。在面对面学习情景中，教师提出的第一个问题应该简单些，然后再过渡到更难的问题，即在认知上有挑战性的问题。不过我认为，在异步在线学习中，从基于知识本身的问题开始并没什么必要性。为了正确回答一个在认知上有挑战性的问题，需要先假设拥有相应的基础知识。倘若学习者读到或听到录制好的问题，却不知道相关的基本知识，他们可以回顾笔记、讲座、视频和阅读材料来找基本信息，以便回答问题。这不是什么坏事。事实上，这甚至能帮助学习者做到两件事。在寻找基础信息的过程中，学习者会不断回答自己给自己提出的问题，比如："内质网究竟是什么？"学习者自己提出的问题，学习者更容易记住答案。这个过程促成的第二件事是让学习者明白，亲力亲为地自发学习要比回溯性学习更容易——既节省时间，也节省精力。

提供清晰的指导说明

为了更方便地评估学习者的回答，在提问时提供清晰精准的说明大有益处。"用一句不超过 20 个词的完整句子向盲人形容菱形的样子"。如果教师没有提供专门的说明，也没有告知教师究竟希望学习者做什么，那学习者交的答案只有一个单词也别觉得惊讶。这些说明有助于为问题设置出教师理想中的答案，也能明确地指出哪些元素必须出现在答案之中，不可妥协。无论是举例说明，提供论据，甚至提供图表或视觉效果，备注引用来源，还是使用正确的拼写，都可以由教师来决定。在第 3 章的"高阶思维与问题"中，我们讨论过问题的复杂性，以及理解问题和回答问题所需的思维技能的难度水平。

小结

1. 如同面对面学习，教师也需要为在线课堂设定学习预期。其中包括如何让学习者回答问题，对于同步学习来说，还需确保视频打开、麦克风静音。

2. 在线学习并不意味着学习者就不能两两分组、多人分组或者进行其他形式的有效写作。

3. 如果同步在线教师不与学习者建立互动，那他只能沦为一个不断发出声响的大脑袋，极容易被学习者忽视。同步学习与面对面学习的相似之处在于，教师可以向学习者集体和个体提问。这些问题应该进行分层，涵盖简单的知识及理解，直到高阶思维技能。

4. 在跟进回答时，需要准备一份常见的评论话术列表，这样有助于关注更多的学习者。

5. 异步学习可以直接从高阶思维技能问题开始问起，因为学习者有时间去查找答案、好好准备。

6. 在为在线学习和面对面学习准备问题时，问题越清晰、越具体，得到的答案质量就越高。

第5章

实质性：如何通过提问促进深度思考

实质性的问题特别重要，有时甚至需要你咬紧牙关全力应对。要是你提出了一个实质性的问题，那就表明你已经做过研究，已经能把它与其他知识联系起来。当然，你会要求大家做同样的事，进而提供深思熟虑的答案。实质性还是回答问题的黄金标准。如果某个学习者没能提供一个经过足够深思熟虑的答案，或者答案不完整，甚至不正确，好的教师不会允许学习者停留在这样的错误阶段。好的教师会继续追问后续问题，探索更多的信息，并提出具有引导性的问题，以帮助学习者得出更说得过去的答案。不过对学习者来说，强调实质性并不是一种自然状态。通常来说，学习者更愿意回答不需要思考和知识就能响应的肤浅问题。

你期望学习者怎样，你就要怎样

如果教师希望学习者可以成为正确且独立的思考者，那么幻灯片、演示文稿和他们手中的任何学习材料都必须有适当的模式，可以被他们拿来效法遵循。比如，不管使用什么引用格式——不管是MLA格式、芝加哥格式还是APA格式[①]，都要保持一致（不过我更喜

---

① MLA格式、芝加哥格式和APA格式是美国学术界和出版物中常见的参考文献和引用格式。——译者注

欢 APA）。我做博士研究的时候，大多数工作是在线异步完成的，教授们希望学生提到的任何内容都能有外部论据的支持，还要引用文本或其他研究。因此，引用文本，做好总结，然后添加引用参考就成了我的第二天性。就在那时，我意识到 K12 教育在授课和材料中引用其他作者的信息和作品时，仿佛获得了"不必标记引用来源"的通行证。大多数大学教授都坚持标记引用，但商业演讲、商业材料和公共教育犹如一丘之貉——很少标记引用。剽窃如瘟疫，一定要及时遏制。

学习者也应该知道教师究竟从哪些来源获取了这些信息。学术诚信主要就是为了避免剽窃，所以一旦思维、想法、数据或文字来自他人的时候，我们就必须要说明。很多商界人士、记者、大学生，甚至教师对"借用"他人的学术成果毫不犹豫、拿来就用，主要原因是自他们开始上学以来，只有在高中或大学写学期论文时才见过引用标记。如果教科书不使用引用标记，教师也不使用引用标记，那注明参考文献怎么可能成为学习者的第二天性呢？所以教师、演讲者、培训师和教授都需要标注他们所引用信息的来源，为他们希望学生做的事情做个好榜样。

为论据做榜样

虽说我们可能经常产生特别棒的主意、想法和妙语，但我们必须明白，需要提供论据来强化并支持我们的立场，这很重要。教师在口头提问时，就需要在问题中说明论据与线索：

- "正如爱伦·坡所写，《乌鸦》可能指代生命的终结。那他提供了怎样的线索来支持这个观点呢？"
- 如果以书面形式提出这一问题，还应该说明爱伦·坡何时写了《乌鸦》，以及在什么出版物上发表。
- "在这首诗中，爱伦·坡通过'乌鸦'指代生命的终结。他提供了怎样的线索来支持这一观点？请用至少 100 字作答，并引用相应的诗句来支持你的观点。"

- Poe, E.（1845）. The Raven. New York: The New York Mirror.
- Poe, E.（1845）. The Raven. Retrieved December 21, 2020.

设定明确的答案预期

逻辑上讲，模糊不精确的问题会导致模糊不精确的答案，但凡考虑到学习者可能没理解透彻问题，就应该让问题更清楚、直接，相应的答案才能更清楚、直接。比如，"这是什么意思？"或者"为什么会这样？"类似问题可以优化成"爱伦·坡在《乌鸦》这首诗中所写的'在此已抹去芳名，直至永远'是什么意思？"以及"当你把煮沸的卷心菜溶液加入烧瓶中时，液体的颜色为什么会变紫？"

在面对面学习或同步线上学习中，教师需要告诉学习者，希望他们以何种方式来回答问题。有效回答问题并不是自然而然的事情。作为教师，我们必须训练学习者做出有效回答，还要不断地和他们一起练习。所有的学习者，哪怕只是小学生，都需要能够用完整的句子回答问题。通常，提供一个句子的主干可以帮助学习者恰当地完善自身想法。年长的学习者则应该接受专门培训，把问题的一部分放进答案的开头。

问题："如何知道一棵树的年龄，或者如何知道一只海龟的年龄？"

回答："可以通过数树干横截面上的年轮来判断一棵树的年龄。可以通过数龟背上的环形，然后再除以二，来估计海龟的年龄。"

对于线上异步学习和书面回答问题，教师还必须指出恰当回答的篇幅。如果没有提供标准，"猪型"学习者（见第4章）可能写一篇1000字的论文，而"马型"学习者也许只会写三个字。格式其实很简单：先是教师提出的需要回答的问题，然后是篇幅要求，最后是与问题相关的参考文献引用。示例：

"黑斯廷斯之战如何使得诺曼人成了英格兰的统治者？用完整的句子回答，并提供能佐证你观点的论据。请说明信息来源。"

在逻辑与推理上做榜样

我总是搞不清楚究竟是谁在暗示,而谁又在论断。三段论、演绎法、归纳法、溯因法和布尔逻辑搜索法都容易让人困惑,毕竟大多数人除了直接应用逻辑之外,并不太清楚逻辑究竟是什么。事实上,如果我们只是简单地把各种逻辑都归入"推论",是不负责任的,因为每种逻辑方法都需要独特的思维方式,或需要特殊的思维视角。

为了进一步提升问题的复杂性,逻辑本身和前面所提到的各种逻辑形式都可以用连接词来表示,就像数学中的运算符一样。在问题中使用这些连接词,可以提高回答问题所需要的思维水平,提升问题的复杂程度,进而提高整体的严谨水平。埃里克森(Erickson)所提出的基于概念的课程也把思维的复杂性与不同类型的知识联系起来。我们在交流中其实也一直在使用这些逻辑连接词。比如"和"这个词就能表达连接,意思是它能把两个或更多客体加以连接。同样的情形也适用于"但是、即使、可是、然而、即使"等词汇。例如,使用"和/否"可以组合提问和分隔提问;使用"或"的提问,有包含提问和排除提问(见表 5–1)。

表 5–1　　　　　使用逻辑词汇来增加问题实质性

组合提问(和,又,但是,即使,还,总是……)
• 水结冰时为何会膨胀?这种特性对世界又有哪些影响
• 向氯气中加入氢气会发生什么?你还需要什么试剂
• 特洛伊城是如何被摧毁的?这又是为什么
• 为什么西班牙的降雨总发生在平原地区
• 作为一位伟大的政治家,温斯顿·丘吉尔取得了哪些成就,但作为首相,他在哪些方面失败了
互斥问题(选甲或乙,但不能两个都选)
• 摸摸蛇或者挠挠鳄鱼,你宁愿选哪个
• 我现在应该纠正拼写,还是应该改进语法
• 为什么龙会有鳞片?抑或为什么龙会没有鳞片

续前表

包含性问题（选甲，或选乙，或两者皆有）
- 你如何解决加法问题？或者说你如何解决乘法问题
- 世界上最好的工作是什么？或者说你究竟想挣多少钱
- 指数是如何改变图形的？或者说方程的结果是什么
反问型问题
- 北极熊为什么不是棕色的
- 怎么就不是太阳造成了侵蚀呢
- 要是地球不是距离太阳第三近的行星，会发生什么

小结

1. 实质性意味着对问题的回答必须经过深思熟虑，做到有的放矢，而且还要有论据支持。构建一个具有实质性答案的第一步就是做好榜样，正确引用信息来源。

2. 为了得到实质性的好答案，必须对问题进行充分的准备和记录。学习者需要知道如何实质性地去回答问题，需要授课教师本身对此拥有期望。在书面问题中，问题本身就包含了这些细节。

3. 实质性问题或有实质内容的问题，是可以通过推理技能来展现的，比如使用一些逻辑连接词：且、或、否。

第一部分 总结

你究竟为什么要提问？

你自己必须能回答这个问题，你的答案也将是决定你所提出的问题是否有效的决定性因素。在第1章中，我们讨论了提问的四个因由：评估、动机、思考和教学，其中哪个最重要，哪个又最不重要呢？你对此排出的优先级将决定你会如何组织你的课程。了解学习者如何看待典型问题，更好地了解大脑的工作原理，有助于设计问题，触达你作为教师的核心目标：启发学习者的学习。认识到线上学习和面对面学习的不同，也有助于预测和调整问题，以更加有效地提问。最后，要让答案达到标准，首先要提出具有实质性的问题。

每个组织中都有评估过程，对K12教育工作者来说，一定要有一个评估自身改进程度有没有达标的过程。每年都通过执行具体的计划，来提高具体的提问技能就是一种非常合适的完美评估过程。不妨花上几分钟时间，在表1"职业成长活动"栏里记下你在阅读本部分内容后，希望在提问中做哪些方面的改进。比如，可能想了解更多与大脑如何运转有关的知识；再列出你所需要的资源、想参加的培训，或读一本关于大脑和学习之间关系的书；然后确定计划完成这项任务的日期。

表 1　　　　　　　第一部分　职业成长规划

职业成长活动	所需资源	到期日
1. 提问的基础		
2. 提问的视角		
3. 全脑问题		
4. 线上提问的特点		
5. 实质的输入与实质的输出		

第二部分

BETTER
Questioning for Better Learning

学习规划

本部分是关于有效使用问题的基础内容。正如你将反复读到的，传统提问最大的弊病，就是教师在提问之前的思考太少。问题要么来自课本，要么是教师自己拍脑袋想出来的，这也使得他们倾向于使用仅仅要求学习者回忆事实的低阶问题。纵然如此，甚至还有教师从没有提过超越低阶的基于事实的问题。

　　在这一部分，你将学习如何从低阶提问开始，逐步向高阶认知层次的提问迈进。倘若教师教学中 80% 的行为是在提问的话，那至少 80% 的备课内容就应该与怎样提出最好的、最有效的问题有关，与探究怎样让学习者以最好的方式回应教师的问题有关。

第6章

野猪式问题：如何在授课前准备有效的问题

为什么要对提问做好规划

如同大脑的运转一样，教师的指导也是复杂的，但请给我一点时间，让我为你呈现与学习有关的一系列三段论逻辑推衍。倘若我们接受"教学"的全部目的就是为了让学习者更多地投入学习之中，学习本身又是根据学习者能记住多少来加以划分的，而且学习者究竟能记住多少又取决于他们在学习过程中有多么投入……那么，学习者对学习的投入程度就一定取决于教学本身及其交付给学习者的质量。进一步讲，这种质量又取决于教学的设计，所以说，完全可以通过好好设计学习周期中的学习规划来提升学习者对学习的参与度（见图6-1）。这就是我们为什么要在备课时规划"野猪式问题"。

什么是野猪式问题

在回答这个问题之前，我要先提供一些背景资料。得克萨斯州是我最喜欢的地方之一，请让我跟你讲一条关于它的冷知识：这里到处都是野猪，数量高达几百万只！不过你知道这个有什么用呢？我稍后会解释，但我现在真正要做的其实是吸引你的注意力，利用你的想象力。我成功了吧？

图 6-1 教学的过程

以前的农场主、牧场主很讨厌这些野猪，于是找到了一种方法去适应野猪带来的困境——推出并发展了繁荣的野猪狩猎产业，不仅向猎杀野猪的猎手们收取费用，而且将捕杀的野猪卖给餐馆或作为特色食材远销海外。这个产业中，甚至还有不少富有冒险精神的企业家会带着他们的猎人客户乘坐直升机从空中猎杀野猪。在得克萨斯州猎杀野猪成了一项大产业，当地人无法忽视野猪，教师也不应该忽视野猪式问题。

这些野猪究竟是从哪儿来的？西班牙人初次来到得克萨斯州时，有人觉得狩猎欧洲黑野猪挺有趣，于是专门把它们引入得克萨斯州的荒野。我们今天见到的得州野猪是欧洲野猪与逃离圈养的家猪的杂交品种。这意味着它们像家猪一样有着强大的繁殖能力，同时也像欧洲野猪一样强健有力，还有韧性。它们特别聪明，懂得利用自己长长的獠牙与厚厚的皮肤来保护自己。农场主、牧场主们会告诉你，要想不被野猪侵害，就需要修建一种特殊的栅栏。因为普通的栅栏根本挡不住它们，它们总能找到栅栏薄弱的地方。像大多数猪一样，它们也是杂食性动物——植物、昆虫、肉类，它们什么都吃。只要稍微松懈，它们就会糟蹋大量农作物，导致农场主、牧场主们的收成锐减。据估计，得克萨斯州有超过 260 万头的野猪，而现有的直升机狩猎活动、弓箭狩猎活动和活体诱捕都无法减少它们的数量。不过事实证明，这对野猪猎人来说是件好事，因为得克萨斯州的野猪肉是一道特色佳肴，它比超市售买的饲养猪肉风味更好。

现在你已经了解了与野猪有关的一切，而我想把这种有趣动物的特征与开发有效问题的过程进行一番比较。我将这个过程称为"野猪式问题"。我需要澄清一下，虽然野猪式问题的确跟野猪有一些相似的特质，但它们不会像真正的野猪那样带来滋扰；恰恰相反，这些问题对教师和学习者益处多多。

野猪式问题的定义

具体地说，野猪式问题就是那些像野猪一样"你不得不面对且一定要做点什么"的问题。就像野猪一样，它们也能迅速繁殖，衍生出更多问题；它们同样不可预测，见缝插针，具有挑战性。但野猪式问题并不是"跟猪一样野的问题"，它们经过深思熟虑的规划与设计，忽视了思想的栅栏，克服了贫瘠的思维，是敦促学习者思考的充满智慧的问题。

"野猪"（WILD HOG）代表着"旨在强化学习深度，为了更高水平的天才而特意编制（Written Intentionally for Learning Depth and Higher Order Genius）"。我也知道这么说很老土，但我和我的家人努力了很久，才用首字母拼出了这个词！但我还是要重申，"野猪"这个称呼已经做出了完整的阐释：迫在眉睫、充满挑战、无法回避、不能预测。

野猪式问题：特意编制

WILD（野）中的 WI 代表着"特意编制"。问题的编制一定要经过深思熟虑。只有精心设计过的问题，才能同时满足学习者和教师的需要。不幸的是，由于在许多学习情景中，很少有人会事先考虑要问什么问题,因此大多数情景中的提问都是随意而为的,如前所述,这样的问题基本上都没什么效用。这些"临时"提出的问题自然通常都是低阶问题,如果你在指导一个有 30 个学习者或更多人参加的学习活动时,这差不多就是你能做到的最好的事了。

也许你看过电影《我,机器人》(I-Robot)。威尔·史密斯(Will Smith)扮演的斯普纳侦探被叫到某疑似自杀案件的案发现场,受命调查机器人领域的天才专家朗宁博士的死因。他通过设备投影出了死者以前录制好的全息影像,并与之对话。斯普纳侦探先是问了全息影像中的朗宁博士几个低阶问题,无奈全息影像的回答却是:"对不起。我的回应受限。你必须正确提问。"但当他问"你为什么要自杀"时,全息影响回答了:"这是正确的问题。"请注意,这是个开放式的问题,与斯普纳侦探前来的原因有关,也与他真正需要调查的核心内容有关。其实在任何学习情景中,"正确的问题"都有类似的运作模式:紧跟着"我想让学习者学到什么"的问题就应该是"我该怎样让他们学会呢"。低阶问题往往只能带来有限的回应,这也是为什么我们需要问出正确的野猪式问题。在为学习活动做准备工作时,只需花上几分钟,就能按部就班地设置好相互有所关联的一系列野猪式问题。清晰的学习目标能够简化设计和构建恰当问题的过程。格兰特·威金斯(Grant Wiggins)和杰伊·麦克泰格(Jay McTighe)在《追求理解的教学设计》(Understanding by Design)一书中提出,在授课前进行评估就是有力促进学习者学习的"最佳实践"。那评估学习者的主要手段又是什么呢?毫无疑问,还是提问!我建议在提问之前先设置野猪式问题,这样就可以从根本上提高学习者的学习能力,从而提高他们的考试成绩。

第一,评估问题(我们现在已经确定,测试和测验都由问题组成)和课堂上用来强化学习者学习能力的问题应该完全相同。毕竟,为什么要用一组问题来积累知识,然后用学习者从未听说过的另一组问题来评估知识呢?芬威克·英格利希(Fenwick English)把这种教学内容与测试内容之间的割裂称为"松散结合"。因此,如果我已经创建好了所有将用于评估的问题,那接下来唯一要做的就是确保所有学习者都能知道问题的答案，并通过创建学习活动，引导他们在不同的情况下提出与回答问题（第 12 章将更多地讨论这一点）。

第二，在小组学习中，我发现提前准备问题还有助于我集中精力去确保有最多的学习者参与回答，而不是额外花心思去思考下一个问题该问什么。为了记住这些问题，我会把想问的问题单独列在一张纸上，而非仅仅写在教案中（我个人不喜欢在实施教学活动时随身携带教案书）。3 英寸[①]×5 英寸的卡片或半张打印纸对我来说就很不错。我可以把卡片放在口袋里，这样无论我在教室的什么地方，都可以随时把它拿出来提醒我自己。习惯用电子产品的人则可以把野猪式问题记在平板电脑或手机上，在教室四处走动时也可以拿来翻看。这样我就可以在教室里仔细倾听与观察所有学生的回答情况，并为他们提供相应的鼓励或纠正，还可以集中精力、尽量多地检查学习者的理解情况，而不是花大量心思去想下一个问题该问什么。另外，在设计小组活动时，如果提前确定好问题，还可以安排学习者在组内进行互问互答（见图 6–2）。

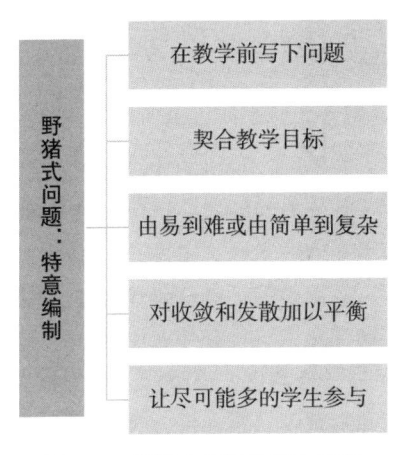

野猪式问题：特意编制
- 在教学前写下问题
- 契合教学目标
- 由易到难或由简单到复杂
- 对收敛和发散加以平衡
- 让尽可能多的学生参与

图 6–2　野猪式问题的基本原理

[①] 1 英寸 = 2.54 厘米。——译者注

野猪式问题：学习的深度

学习的深度，也可以称之为"学明白了"，但这种表达有些"黑化"的性质，容易导致对其真实含义的混淆或误读。我对"学明白了"的探知，靠的是一系列问题，这些问题会逐步把基础知识的层次带向更深入的水平。例如，我有一次去看牙医，牙医在做完初步检查后跟我之间的问答就让我得到了更深层次的教育。

他说："你有颗牙要多加小心了。"我问："为什么要多小心？"

"有一颗牙在牙根段出现了放射性的反光。"我接着问："那是什么意思？"

他说："这个地方的放射性反光或者阴影可能意味着有感染。"

"给我看看好吗？"我请求他。

"你看，就在这里，这里也有。"

"怎么会这样？"

"你的牙齿老化开裂了，里面容易腐烂。"

"那我怎样才能把牙治好呢？"

"咱们得补牙，填充一些东西进去。"

就这样，通过不断提问，我协助牙医说明了我的情况，也帮我找到了问题的根源——既是提问的最终根源，也是牙疼的最终根源。我甚至还学到了以前不知道的术语。也许，正如我跟牙医交流的例子所示，要想深化学习，最重要的一点就是让学习个性化——我为什么需要知道这些东西？这些知识对我有什么用处？这个简单的对话就是我所说的"学明白了"——或者说，就是深入地去挖掘学习。"学明白了"有两个维度：难度和复杂度。布鲁姆分类法和科斯塔的思维习惯理论均与思维活动的难度有关，而埃里克森的基于概念的课程（Erickson, Lanning, & French, 2017）则与不同类型知识的思维复杂度有关。思维的难度和复杂度是两个不同的概念。按布鲁姆和科斯塔的说法，思

第6章 野猪式问题：如何在授课前准备有效的问题

维难度是指一个人要在精神上花费多少努力才能在某个水平上思考。我在第3章"高阶思维与问题"这一小节中已经解释过布鲁姆的观点。科斯塔则将布鲁姆分类法进一步简化为三个层次，更便于教师和学习者记忆和使用。第一层最简单，对应布鲁姆所说的"知识和理解"；第二层则对应"应用和分析"；第三层则包括"评估和综合"。思维的复杂性则涉及多种不同类型的知识。埃里克森描述过一种针对知识的"分类法"：理论、原理、概念、规则、事实。就像布鲁姆和科斯塔的分类一样，问题必须从较低层次的规则与事实开始，然后发展到更难的知识。

深入学习并不会发生在第一个问题上，所以你必须把你的野猪式问题从简单（1级）到中等（2级），再到困难（3级）进行分层（而不是搭设脚手架问题），确保有各种各样的问题涵盖了从简单内容（事实）到复杂内容（理论）的全部范围。例如，在介绍某个新物品的时候，我首先会介绍这个物品的名称（词汇），并以此作为理解的基础。为了帮助学习者进一步辨别词汇含义，我会用图片、图像来展示词汇（见第8章），并确保他们能把这个词说出来（我发现，如果我读不出来这个词，我就记不住这个词）。然后再继续通过提问来加深他们的理解。

- 我会从简单的识别问题开始一系列野猪式问题，如"碰一碰"或"指一指"我所说的词汇。
- 然后我会问判断题："这是一件雨衣吗？"
- 接下来，我会进一步拿出比较型问题让学习者讨论："在雨里穿雨衣合适，还是穿毛衣合适？"
- 随后是应用题："天冷（或者下雨、天热、下雪）的时候，你会穿什么外套？"
- 最后，我会问观点型问题："你更喜欢哪种雨衣？"还会问创意及问题解决型问题："如果你只有15元钱，该去哪个商店买最物美价廉的雨衣？"

这样做的另一个好处是给学习者提供了不止一个机会（详见第11章的"三次法则"），让他们能够在多个认知层面上与这一词汇互动，提高使用该词汇的流利程度和能力水平，并增强对术语的理解，进一步建立起能让新知识暂存于其中的背景知识。最重要的是提高他们对词汇的长期记忆水平（见图6–3）。

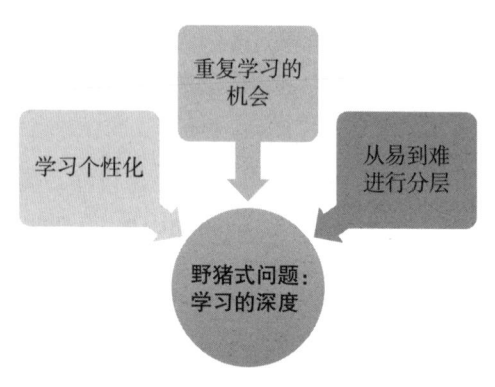

图6–3　野猪式问题的需求：学习的深度

野猪式问题：高水平天才

"HOG"（higher order genius）所代表的就是更高水平的天才，这提醒我们使用包括应用、分析、评估和整合类型的各种问题，会引导学习者更能像我们试图帮他们成为的天才一样思考（见第3章）。如果只使用传统的提问技巧，永远都做不到这一点。提问过程成功与否，取决于是否创造了一种环境，能让学习者自信地回答和提出问题，而不必担心感到羞愧或遭到指责。他们需要有成功的学习经历来给自己建立信心，要认为自己是个天才才行。以小组为单位，或者通过合作的方式来回答问题可以降低学习者对于问题的情感过滤，比如害怕尴尬，同时也能让所有学习者都参与回答，而不必等着轮到自己才能说话。先花点时间去问些低阶问题，促进知识、事实和理解这个层次的学习发展，然后不断增加问题的难度和复杂度，直到你能达到最高层级——三级水平，应用、分析、评估和创造整合，以及在理论上完成掌握。表 6-1 中是一些彼此关联的题干，这些题干就是根据科斯塔的三级分类法、布鲁姆的六级分类法和埃里克森的五级分类法提出的，可以很恰当地说明野猪式问题序列中，问题所处的层次等级。

表 6-1　　　　　　　　　从易到难的问题发展

科斯塔：1 级
布鲁姆：知识与理解
埃里克森：事实和规则（人物、时间、地点、名称、选择、挑选、查找、重述、定义、观察匹配、贴标签）
收敛

这是……？什么是……？……发生于什么时候？……做什么？哪一个……？……是什么时候？你会如何展示……？……在哪里？……是谁？……发生了什么？……的定义是什么？有多少个……？……的解是什么？……的功能是什么？……的主要部分是什么？……意味着什么

科斯塔：2 级
布鲁姆：应用与分析
埃里克森：概念（方式、比较、对比、检查、应用、发展、解决、推断、分类、分析、归因、解释、区分、考核）
收敛与发散

……和……为何相似？你会如何对……进行分类？你会如何区分……？怎么解释……和……有何关系？你会怎样用自己的话总结……？……包括哪些步骤？你认为……有什么特点？在哪里可以使用……？……中缺少了什么……的独特之处是什么？……属于哪一组

续前表

科斯塔：3级
布鲁姆：评估和整合
埃里克森：概念，原理，理论（原因、评估、判断、批评、评定、预测、预估、创建、推断、想象、证明、反思、解决）
发散

对于……你有怎样的看法？你会从……推断出什么？你得出了什么结论？关于……能做出怎样的判断？哪一个才是最好的答案？如果……你会做何预测？你如何确定优先次序？如果你能……你会怎么做？为什么……比……好？你如何证明或反驳……？有什么证据能支持……？有哪些替代方案？在你反思的时候，你会想到什么？是什么让你如此感兴趣？你会怎样进一步提升……为了解决……你会怎么做？你怎么才能设计一个更好的……

因为你要自己创建属于自己的高水平天才层级问题，所以还需要搞定等式的另一边：天才的回答。创造精彩问题的一半内容，是要训练学习者好好回答这些问题（见第14章）。你不能在这件事上听天由命。要让他们知道该如何正确作答，并且在提问前"训练"。比如，他们需要知道——不管是口头还是书面作答，都要用完整的句子回答问题，这本身就是一种能够迫使他们思维更清晰的有效沟通工具。如第5章所述，他们还需要了解你对于实质性的标准：回答需要有多长篇幅，他们需要提供哪些论据等。我对于我的学习者的"必训科目"之一，是如何以两人小组、三人小组和多人小组的方式集体协作。如果不专门训练，以小组为单位来学习就会出现种种混乱。在教学中，我会明确说明每个人该做什么，以及每个人在小组中该负责完成什么。第一次这样做时可能会多花几分钟，但随着小组协作的继续，很多行为变得常规化，学习者也就知道了该在什么时候做什么。

营造课堂氛围

首先，课堂氛围是每个学习者都不得不去承担的风险。有些学习者可能觉得无论身在何处都可以轻松地提出问题，但其实大多数学习者在感到安全之前不愿主动提问：一方面是他们又敬又怕的教师有没有带来安全感；但更重要的是同学有没有给他们带来安全感。他们必须充分了解彼此，达到能知道大家会对不同的事做出怎样反应的地步——这不仅与发生在课上的事有关，还与课堂外，以及其他课上的互动有关。在这一点上，我是个现实主义者。由于这些因素使然，必然不存在能吸引每一个学习者的方式。对于有的学习者来说，你不能指望他对于学习有多高的投入程度，但至少你可以让他有所投入。

毕竟有些事情还在教师的控制范围之内。建立课堂规则很容易：不许取笑或嘲弄其他学习者的问题，可以在墙上贴上标语"天下没有蠢问题"。如果强迫学习者参与其中，只能带来被动的顺从，最糟糕的情况是，还会带来对方主动的抵抗。在正常情况下，教师不能只是把事情交给一群聪明的学习者，然后用一句"把它们搞清楚"就草草了事（蒙台梭利教学法就强调这种纯粹以学习者为中心的学习模式）。在组织苏格拉底式研讨或辩论时，任由学习者完全掌控，也会导致那些寻求外界注意的学习者、声音最大的学习者挤占了大多数人的学习体验。因此，我们需要采用合作小组的方法和基于项目的学习来分而治之。

通过小组合作来建立天才级别的氛围

所谓的"小组合作"，是指教师把班级全员分成多个小组，再给学习者分配任务。实话实说，有些学习者对小组合作深恶痛绝，有些学习者则十分喜欢。关注不同的学习者出于何种原因喜欢小组合作的不同部分是件很有趣的事。学者型的学习者讨厌"小组合作"，是因为他们一眼看穿要做额外的无用功，而他们从中能得到的东西很少，并且很多老师喜欢安排他们进入"个体差异比较大"的小组，这样他们往往会独自完成大部分工作。而不太专注的学习者普遍喜欢小组合作，因为这给了他们更多时间去社交，而且几乎不需要付出什么就能轻松获得一个说得过去的"同情分"。教师们也普遍喜欢小组合作，因为这能使得学习者们"参与其中"（看起来很忙碌），同时也让他们不必每节课都要给30个学习者评分，只要给六七个项目评分足矣。

要想创造一种能让学习者轻松提出问题的学习环境，小组合作需要三个条件：

- 一个或多个合理的、有挑战性的、开放式的问题；
- 经明确传达的具体考评标准；
- 明确沟通每个人的具体角色以及相关职责。

让学习者学会克服多年以来"等着别人告诉我怎么做"的错误习惯，有一个最好的办法就是不要确切地告诉他们"要做什么"，而是给他们提供一个方向，以及"如何"成功作答的相关参数。因为学习者已经经历了多年截然相反的训练，所以一开始这么做注定并不容易。但相信我，试过几次之后，他们就能明白。表6-2是一个"野猪式问题"的范本，可以很容易将其转换成提供给学习者的规则，让他们依此衡量自己达到成功的进展水平。

表6-2　　　　　　　　　野猪式问题规则范本

学生须有效回答以下问题	可选提问等级		
	A级	B级	C级
内容知识	你可以怎样说明何为主权，何为宗主权	你可以怎样解释主权和宗主权	主权是什么意思？宗主权是什么意思
概念理解	主权和宗主权分别有怎样的特点和实际效果	主权和宗主权分别有哪些特点和预期效果	主权和宗主权分别有哪些特点
概念应用	主权和宗主权有哪些实例？还有哪些实例，不属于主权和宗主权的范围？这些实例与世界历史上的其他实例可以做怎样的比较	主权和宗主权的实例有哪些？反例有哪些	当下有哪些可以说明主权和宗主权的实例

主题：主权和宗主权

续前表

学生须有效回答以下问题	主题：主权和宗主权		
	可选提问等级		
	A 级	B 级	C 级
概念分析	主权和宗主权各自有何利弊	主权与宗主权有何异同	主权和宗主权有何区别
概念评估	美国政府及其50个州在维护个人主权和限制宗主权方面达成了怎样的平衡	主权和宗主权，哪一个对个人福祉更加有效？哪一个对政府更为有利	为什么有些人更倾向于选择主权而非宗主权
概念整合	你如何看待美国主权受到威胁？并该做何种反应	波多黎各是主权国还是宗主国，抑或两者兼而有之？你会建议他们将来采取哪些行动	宪法缔造者们对主权和宗主权有什么看法

野猪式问题的构建过程

让我来跟你讲讲，我是如何在给六年级数学课备课的时候规划野猪式问题的。课程主题是"分数之间的乘法"。在开始备课之前，我需要考虑三点：（1）我必须意识到，我们要有个应用场景或具体目的来说明为什么需要让分数之间相乘；（2）不一定所有的学习者还记得分数与比值的概念，所以可能需要安排相关复习；（3）并不是所有的学习者能记住分数运算的相关机制，所以还需要复习分数计算的具体步骤。我需要好好检查一下学习者的理解程度，了解他们究竟知道多少，这样才能进一步解决以上这些问题。

要想解决第一个问题，让学习者明白这种数学技能多有用，我

65

可以借助科学领域和医学领域的一些素材。比如，医院里的护士经常要解决的一个问题就是根据处方来计算药物的具体剂量。护士的职责之一就是给患者正确的药物剂量，而且还可能要计算不同的配比、单位、多种药物混合时的比例，甚至还要同时兼顾计算多个不同的处方。如药瓶上可能写着每500克体重可摄入1毫升，但医生给病人开的处方则是每六小时，按病人体重配比，每磅体重摄入750毫克。这样一来，护士必须将克数转换成毫克和毫升，然后根据病人体重计算出病人每六小时需要注射多少毫升的药液。这一计算都是通过分数及比率相乘来完成的。还有跟烘焙和烹饪有关的例子。每个食谱都有不同的食材配比，不过还要根据人数进行调整，来确定扩大采购还是缩减采购。应用实例与概念的相关性越高越好，所以我会用第二个例子，因为这毕竟跟六年级学生的技能和兴趣水平更接近一些。

对于第二个问题来说，在我让学习者将分数相乘之前，他们需要先了解这种运算不同于分数的加减。我还需要学习者进一步理解，百分比和比率在本质上其实也是分数。不过假设他们从没学过分数，重新教一遍只能浪费大家的时间。所以我在网上找了一个简单的复习材料，可以使学习者快速回忆与这一主题相关的知识。一系列紧随其后的复习问题也有特定的次序。下面就是一些基于知识和事实的问题，可以用来评估他们究竟还记得什么：

- "如果你记得分数加减的方法，请举手。"
- "如果你知道分数的乘法，请起立。"
- "如果你认为比值也是分数，请竖起大拇指，如果你不这么认为，那就大拇指朝下。然后再问问同桌：'你为什么会这样认为呢？'"
- "如果你认为百分之一也是分数，请竖起大拇指，否则就大拇指朝下。然后再问问同桌：'你为什么会这样认为呢？'"
- "如果你觉得比率和百分比都是分数，就起立。"

最后一个问题是让学习者理解分数乘法的原理，并确保他们能记住其中细节——这时需要对概念词汇进行复习，如分母、分子、被除数、商、比值等。最好的办法是把这安排成一场比赛或游戏——像老牌综艺节目《危险边缘》(Jeopardy)一样的反向问题；或者是由学习者先"答"而你随之"提问"，通常是对方说出概念，而你反馈"什么是……（这一概念的定义）"，或者是其他一些通过设置问题来进行的小游戏，通常比较适合年长一些的学习者。年轻的学习者需要一些更具有互动性的内容，比如提问接力跑：向他们提出一个问题，而他们需要跑着去找到匹配答案的卡片，并赶在别的小组之前把卡片拿回起点（其实年长的学习者也喜欢这样）。这些方法对于低阶学习很好用，不过问出"你如何通过说唱配舞蹈来解释分数相乘的规则"这样的问题则会把学习领向更高的层次。可能教师会得到类似这样的结果：分母乘分母，哟哟，分子乘分子，哟哟，上面乘上面，下面乘下面，耶……（见第13章）学习者肯定能想出特别酷的唱词来——肯定比我的酷。学习者会根据自己正在做的事情，去用有意义的单词来编排唱词和动作，不过最重要的是他们这样做了，所以才能记住并学会。下面是我可能会问的其他一些问题，目的是检查他们的理解水平，以及看他们是否理解了具体的数学机制：

- "二分之一加二分之一是什么？如果你知道答案，请举左手。现在请把你的答案告诉同桌。算出来是'1'的人请起立。"
- "二分之一乘以二分之一是什么？如果你知道答案，请举右手。现在请把你的答案告诉另一位同桌。算出来是'四分之一'的人请起立。"
- "和你的组员一起描述一下，分数相加和分数相乘之间有何区别。"
- "对于分数相加，你可以提出什么运算规则？
- 分数相乘的运算规则又是什么呢？"
- "问问你的同桌：'如何用比率来表示四份水和六份面粉的比例？'大家请把白板上面的正确答案指出来。"
- "问问你的同桌：'如何把75%改写为分数？'如果白板上的答案正

确，请竖起大拇指；如果答案不正确，请大拇指朝下。"

从收敛到发散

目前，我们已经想好了这些初阶问题，也准备好了如何解决这些初阶问题，接下来就是准备构建更高阶的问题了。正如你所注意到的，大多数的知识题、理解题是收敛的，也就是说只有一个正确答案。如果我问"这是微处理器吗"或者"什么是内质网"这样的问题，那我一定期待对方给出某个特定的答案。这些问题也被称为"封闭式"问题，通常一个词、一个短语或一句话就能作答。而发散或所谓"开放式"问题就不能只用一个词来回答了，它们存在许多可能的答案。发散问题也需要更多的提前思考和提前规划。因此，我创建了一个简单的电子表格（见表6-3），以帮助我在记录问题的同时，还能跟踪问题的层次：从容易到困难，从简单到复杂。该表还记录了我要寻找的问题类型到底是只有一个答案的收敛问题，还是存在多个答案、随便一个都能接受的发散问题（见图6-4）。我知道，除了教学本身所需的计划和准备外，的确还有很多工作要做。不过相信我，这种努力物有所值，因为它既能节省时间，又不至于减少教学内容。而且随着时间推移，这一过程也会变得越发容易，你会开始拥有肌肉记忆，进而能够为每个场景、内容和学习者构建有效问题。下面就是我的高阶问题示例。

第6章 野猪式问题：如何在授课前准备有效的问题

表 6-3 野猪式问题工作表

科斯塔评级	埃里克森评级	收敛	发散	提问的对象
1. 聚合信息	事实	（存在唯一的正确答案）	（存在许多合理的答案）	个体
2. 分析信息	主题	什么是	怎么做	一对一
3. 判断或应用信息	概念	在哪里	为什么会这样	同桌
	概括	什么时候	如果……会……	三人小组
	原理	什么方法		整个小组
				四人小组
				分开的班级
				一次全部涵盖，同桌

课程主题：分数的乘法　　　　　日期：

问题	布鲁姆的目标水平	科斯塔评级	埃里克森级别	收敛	发散	以哪种学生群体为对象
如果你知道什么是分数，请举手。好，把答案告诉你的同桌	定义分数	1	事实	什么是分数		同桌
问问你的同桌，"分数和比值有什么不同？"	分析	2	概念	分数和比值有何不同		同桌
如果你能说出分数的各个组成部分，请起立。让另一边的同桌来说出这些部分	定义分数	1	事实	分数的组成部分分别是什么		同桌

69

续前表

课程主题：分数的乘法　　　　　　　日期：

问题	布鲁姆的目标水平	科斯塔评级	埃里克森级别	收敛	发散	以哪种学生群体为对象
不离开座位，你能找到简单方法来记住各个部分吗	比较和对比	2	概念		如何区分这些组成	小组
把分数相加时，必须先找到最小公分母，那把分数相乘时呢？在你自己白板上写下你做分数乘法时的步骤	比较和对比	2	概念	有何不同		个体
问你的同桌，如果让三分之一乘以二分之一，会发生什么	应用和分析	3	概念		要是……会怎样	同桌
所以，二分之一的二分之一就是四分之一。要是我把三分之一乘以二分之一，又会发生什么？你怎么得出这一结论的？举起你自己的白板来展示你的运算过程。把你学到的东西教给你的同桌	应用	3	概念 原理		……怎么样？……怎么做	一次全部涵盖，同桌
六分之二是三分之二的一半吗？咱们一起看一看。在你自己的白板上……把三分之二转换成六分之一的倍数。再和你的同桌讨论一下该怎么做。答案是多少呢？三分之二的一半究竟是多少呢？是不是六分之一呢	应用和评估	3	概念 原理		……怎么样？……怎么做	一次全部涵盖，同桌

聚合性思维

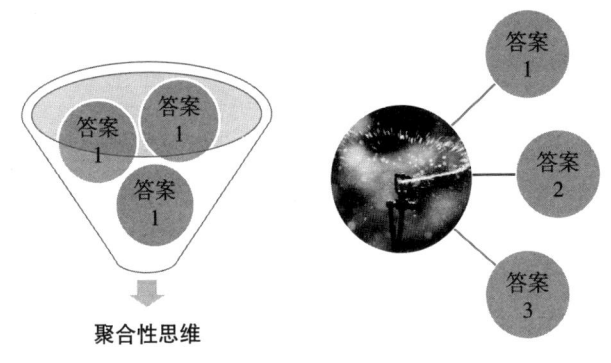

图 6-4　收敛与发散

- "假设我要邀请朋友来参加比萨派对,一个比萨的配方需要用四分之三杯面粉,而我需要三个比萨。那我起码要用多少面粉?请三人组队,用你们对分数的了解来找出答案。"
- "如果我以三比一的比例来做米饭,要是我有半杯米,那我还需要加多少水?请三人组队,想出两个能解决问题的方法。"
- "你见到一双你特别喜欢、非买不可的袜子,刚好还在打折。标签上写着打九折,但还有个标签上写着折上九五折。如果袜子原价10元,那么打折后卖多少钱?请三人组队,写出运算过程,告诉大家你们会如何解决这一问题。"
- "请三人组队,想出一个会用到分数、比率和百分比的行为,然后说明这一行为在什么情况下会使用这几类数字。"

下面的这几个问题进一步展示了收敛问题与发散问题,也就是漏斗型问题与喷头型问题的异同。

考虑学习者的情况

除了问题类型,我们还需要考虑学习者的类型。尽管我认为在提问时要一视同仁,但如果事先决定好向谁提问的话,往往就会把问题抛给全体学习者,接下来会发生什么显而易见——只有那些知道或认为自己知道答案的学习者才会以某种方式听提问或参与回答。此外，思考"该由谁来回答这个问题"也有助于根据特定学习者的需求和兴趣来定制问题。最重要的是，在任何提问中，我会以某种方式来让每个学习者可以参与进来。虽然我不认为向整个小组提问题能多么有效，可某些情况下在要求某个学习者回答问题之前，我会让每个学习者都回答一下同一个问题。这个可以很简单地实现："现在转身找你的同桌，用同样的问题问问他。"当然，也可以做其他方式，就像玩一款复杂的拼图一样。你总可以强调让大家两两交流或组队交流……不过我也知道，有些不好的旧习惯会阻碍你这么做。

编写问题

第一件要做的事就是把问题写在纸上（或电子表格上），这样你才能看到问题本身。每当我靠头脑风暴想出一系列问题后，如果脑海中已经清晰设定了学习活动的目标，我就可以进一步提炼问题，以及把所有对学习者没有帮助，甚至可能引导他们产生错误思维的问题统统删掉。确保在布鲁姆分类法中的每个类目以及科斯塔难度级别上的每个难度都有对应的问题。然后，我必须设身处地站在学习者的角度想一想，学习者会如何回应这些问题。为此，我需要回答以下问题：

- 学习者知道答案吗？或者说，至少学习者知道如何找到答案吗？
- 这些问题是僵尸问题（过分简单的问题或问题中含答案，如"乔治·华盛顿的白马是什么颜色"）吗？
- 问题是否收敛，即是否只有一个正确答案？
- 哪些问题会引导学习者产生发散性思维，即存在多个正确答案，但可能有些答案的确比其他答案更好？
- 如何确保尽可能多的学习者参与到回答这些问题中来？

为了向你展示该如何编写"野猪式问题"，我还提供了一个问题进度表示例，可用于创建和跟踪你的"野猪式问题"（见表6–3）。在本书中，我们将回顾野猪式问题的创建流程，并详细介绍野猪式问题的使用方法,不过现在你已经掌握了相关要点。在备课时准备野猪式问题最好的一点,就是会让课程变得更加流畅,让课程在本质上成为你自己的课程。不过还有一点需要注意:有了野猪式问题,你也就有了考试、小测或测验所需要的一切内容。下面是本章有关野猪式问题的总结。

小结

1. 野猪式问题代表着要为强化学习的深度和服务于高水平的天才而特意编制问题。

2. 野猪式问题是可以编写的:
   a. 需要在授课前完成;
   b. 与学习目标完全一致;
   c. 从易到难或从简单到复杂;
   d. 在收敛与发散之间达成平衡;
   e. 让最大数量的学习者能参与其中。

3. 野猪式问题是为了涵盖各种学习的深度而设计的,而学习的深度要求由难度和复杂度共同组成的严谨性。布鲁姆和科斯塔定义了难度,而埃里克森则定义了复杂性:
   a. 个性化学习;
   b. 提供重复的机会;
   c. 从易到难。

4. 野猪式问题可以促进更高水平的天才出现:
   a 创造学习环境,使学习者能轻松提出问题,需要提前达成三个条件:

  i. 提出可行、有挑战性、开放式的问题，这样的问题具有发散性；

  ii. 明确沟通回答的具体评估标准；

  iii. 明确沟通与个人责任有关的具体角色分配。

5. 编写野猪式问题时，需要考虑学习者的水平。通过提问来检查学习者的理解水平，还要提前预想到有些学习者可能比其他学习者需要更多问题。

6. 野猪式问题需要从低阶的收敛问题开始，然后逐步发展到高阶的发散问题。

7. 在备课时，你还要考虑希望由谁来回答这些问题。特别是在设计问题的过程中，让问题匹配学习者个体的兴趣和需要才能让它变成强有力的学习工具。

8. 由于需要追踪、跟进的问题太多，所以还要使用一种表格，以确保你能把问题按从易到难、从简明到复杂的顺序进行分层，这会很有帮助。如果操作正确得当，那你不仅能创建出整个课程，甚至还顺手创建了一套评估体系。

BETTER
Questioning for Better Learning

第 7 章

任何大脑都要面对的问题：
如何根据需求去区分问题

  我还记得，刚入行当老师的时候，有一次看着花名册，注意到几个学生的名字后面还跟着几个字母。我问同事，这些字母究竟是什么的缩写，很快便得到反馈：老师们对这些学生有着一致的看法，认为他们往往意味着需要做更多的工作，也会带来更多的麻烦。这些字母代表着这些学生有特殊的学习需要；代表他们存在学习、行为或语言上的困难。不管你投身授业时的年龄有多大，参与你教学的群体都会有能力和需求上的一个范围，而你必须努力去满足他们的需求。

  这些缩写字母就是为了帮我把教学内容加以区分，甚至彻底改变一节课的设计，这样才能满足这些学习者的需求。我还记得，我曾经很难理解我究竟该如何在不牺牲学术方面严格标准的情况下适配所有学习者的学习情况。我也疑虑过，该如何在满足高水平学习者需求的同时，也能满足那些苦苦挣扎的学习者的需求。我甚至还曾想过，要是只有"优质学习者"，一切就能容易许多。后来我才完全意识到，我想当教育工作者的原因并不是为了轻松生活，而是为了给学习者们的生活带来改变。而我力所能及的最大改变，恰恰就在那些名字后面带字母的孩子们的生活。从那一刻开始，"教学"变得有趣起来。

了解你的学习者

在这种转变之中，我认识到，了解课堂上的参与者至关重要。我会自然而然地观察他们的行为，很快就能发现谁是勤奋的"海狸型"学习者，谁是坚定的"死磕型"学习者，而谁又是安静且富于观察力的学习者。不过要想建立更有价值的学习关联，获得与他们的兴趣和技能有关的信息，就需要提问了。我并不是说我们要窥探他们的生活，但能留意一些事情，并向他们询问，这完全没问题。比如某个学习者的背包里刚好有个网球拍，你就可以发问："最近网球打得如何？"然后以此为切入点去更多地了解对方。在后续计划中，你就可以在举例时提到网球，进而把教学跟特定的学习者联系起来。

关于差异化这个话题，推荐你阅读卡罗尔·安·汤姆林森（Carol Ann Tomlinson）的作品，她是构建多种学习路径的顶尖高手。在她与杰伊·麦克泰格合著的《通过设计来整合差异化教学及理解》（Integrating Differentiated Instruction and Understanding by Design）一书中，她明确指出，仅仅开展差异化学习活动本身是不够的："差异化教学关注教学的对象、地点和方法。其主要目标是确保教师能专注于保障学习过程与程序可以让不同个体都能收获有效学习。"精心设计的野猪式问题就是可以增进所有学习者的理解水平的真正关键。

分组学习是差异化教学的关键

在给"全班"授课的情况下，几乎不可能对每个参与者都进行具体区分。关键是要把班集体分成多个由两人、三人或四人组成的小组。在分组学习方面，我很幸运地接受过西班牙语教师的培训，当时跟同组伙伴以小组方式共同学习是一种很自然的学习方式。我在主题教学方面有很好的实践经验，语言教学本身适用于以项目为基础的学习和以表现为基础的教学；这两种教学策略都很强调主动性，所以自然而然地就能区分出存在不同要求的群体。我明白，差异化教学的最佳方法之一就是让其在小群体中发生。向全班同学提出差异化问题没有意义，根本没有办法省时省力地做到这一点，但通过小组来提升对学习者需求的针对性，不仅可管理，而且也是实现差异化教学的最佳方式。

汇聚成组

小组提问是差异化教学的理想方式，小组成员必须通过讨论来找出对每个成员都最合适的答案，而这在全班讨论中不可能发生。选择小组成员时，我所接受的训练一开始会让我把优秀的学习者和存在挑战的学习者配对，这样他们就可以组成异质小组互相帮助。不过过了一段时间我就注意到，倘若我把学习者这样分开，就会出现一种群体心态，那些存在挑战的学习者很快就学会了忽视挑战，他们索性让那些优秀的孩子们包揽所有工作，并满足于这种情况。于是我把大家随机地、均匀地先分类，再混合分组。我会根据身高、姓名首字母、喜欢吃比萨饼或冰激凌，甚至是根据孩子们对四选一选择题的答案来把他们混合分组。我也有会有针对性地把具有相似技能、需求、兴趣或性格特征的学习者分进一组。我之所以决定这么做，其中部分原因是我跟我最小的女儿就小组学习这件事进行了长时间的交谈。她讨厌分组学习，因为她的老师总把她和成绩差的学生放在一起，结果就是她不得不包揽所有工作。

此外，我还发现了随机或同质混合分组还有一些非常积极的附加效果。我注意到那些在异质群体中平时不发言或参与度很低的学习者，突然间就发展出了领导技能，并以一种我在他们身上从未见过的方式承担起了责任。我把学习者跟那些和他们有相似技能与态度的同龄人放在一起，再给他们分配问题，让他们轮流相互问答。这些问题便来自我备课时规划的野猪式问题。在英语学习上有困难的那组学生分到的问题都不太复杂，而成绩优异的那组学生收到的问题则刚好相反，是在同一内容领域中的复杂问题。由于情感过滤程度较低，对组中学习者的更多探究也促进了学习差异化的进程。某个学习者提问时，这些问题就会自动融入他的认知水平。小组提问活动的最佳之处就是让学习者根据自身需要，在自己的水平上互相帮助，共同寻找答案。

提供有差异化的选项

一直以来，高效的教师总能找到通过提问来触及特定学习者的方法。以下是我们所提供的一些问题设计选项，可以用于对学习者需求进行差异化教学。

- 你可以改变问题的长度或数量。
- 你可以延长或缩短问题的持续时间。
- 你可以更改问题的语言。
- 你可以调整问题的复杂程度。
- 你可以把问题进行排列，从困难到普通，再到容易。
- 你可以就他们所知道的事情来有针对性地提出问题。

在你准备自己的野猪式问题时，只需要花一点时间就能确定究竟哪些问题对哪类学习者才最为合适。在表 6-3 的"提问的对象"一栏，你可以确定由哪些学习者来回答这些问题。

小结

1. 差异化是指通过调整教学策略来满足不同学习者的不同需求。
2. 为了做到这一点，教师必须了解学习者的行为特征以及他们的技能和兴趣。
3. 小组活动能自动促进差异化，因为学习者可以在自己的水平上与小组成员交互。

4. 小组不必总是由优秀的学习者和存在挑战的学习者配对组成。随机且均匀地混合分组也有好处。

5. 在创建野猪式问题时,教师可以针对特定学习者的个性化学习来进行内容调整。

BETTER
Questioning for Better Learning

第 8 章

与问题有关的基本知识：编写问题方面有什么高效的方法

构建真实问题

多去了解你的学习者

真实的问题以真为本。学习者自己就可以判断你是不是直接从书中抽选了几个问题，或者你问的问题是不是他们会在统一考试中看到的那种"标准问题"。真实的问题总能告诉学习者，你知道一些跟他们有关的事情。第一种类型的真实问题是针对特定学习者个性化打造的。这并不意味着简单地把他们的名字说出来，或者在样例中拿他们当角色，虽然这也算是不错的开始，但"个性化打造"意味着这个问题要么他们知道、有兴趣，要么自己有这方面的经验。为了做到这一点，你需要去了解小组中的成员究竟是谁。一个由三个简单问题构成的小调查就可以做到：你有什么爱好？你读过什么书？你喜欢什么音乐？不管学习者年龄多大，这样的调查都能给你提供足够的信息来定制针对性的问题。如果学习者年龄偏低，那可以口头上问问他们的父母跟他们有关的情况。假设你们正在学习"苏格拉底"，而根据你的调查，有个学生对滑板很感兴趣。接下来就是一个例子，展示你可以说些什么，来让问题与该学习者以及其他学习者产生关联：

要是有人不想回答某个问题，你可以说这个人把问题'滑'过去了。那为什么可以说苏格拉底是第一个'滑手'呢？请和同伴讨论这个问题，看看你们两个能不能想出答案。

如果他们对苏格拉底有所了解，那可能会说："苏格拉底是第一个'滑手'，是因为不管可怜的柏拉图怎么问问题，他永远都不会回答，而是会反问另一个问题！"

是的，我知道。这个问题可能有点尴尬，但这至少会是那些"滑手"学习者能记得住的问题。这个问法也尴尬到了足以让问题难忘的地步，而学习者一旦认为问题有独特性，就表明他们会花时间来让这些问题与某些信息产生关联。如果你知道教室里有一群工程专业的学生，那只要你能把问题置于他们正在学习的领域，也会引起他们的注意。

去了解什么跟他们有关

时事是让你的问题直接与学习者有所联系的完美手段。无论是新闻中发生的事，还是放学后发生的事，这些信息都可以拿来"编织"成问题，促进学生思考。例如，在一节以因果关系为主题的写作课中，如果你们在有大量滑雪人口的地区，比如犹他州，那你可以先提供降雪报告，再提出当前降雪量与滑雪胜地开业日期、旅游业、当地经济、供水或旅行的影响之间有何关系的问题。把这些东西编写到你的问题中，并把它们与你正在学习的内容加以联系，这就能为学习带来知识与学习者之间的关联性。

让当下学习和其他学习产生关联的提问

这并不是说要想教毕达哥拉斯定理（勾股定理），就得提跟埃及金字塔有关的问题。要让当下的知识与其他的知识建立联系，最好的方法之一是通过典故、隐喻和类比来引用其他知识。我是个动作片迷，在复仇者联盟系列电影的初作（2012年）中，美国队长睡了70年，所以醒来后理解不了各种引用和典故。不过有个情节是，他们当时召集团队，讨论下一步的作战规划。神盾局局长尼克·弗瑞（Nick Fury）通过引用"飞猴"来暗指《绿野仙踪》，而雷神托尔说："什么猴？我没懂。"美国队长插话道："这个我懂呀！"这是个教训：要用隐喻，就要用人人都能听懂的隐喻。假设你此时正在参加一个关于"财务弹性"的研讨会，其实你不需要解释电影《欢乐满人间》（*Mary Poppins*，1964）插曲《喂鸟歌》中的全部信息，只需简单提一下"两便士一袋"就行。可如果你是在向年轻一代提问的话，那可能需要在引用之前先给他们看看这段视频。

学习者总需要做些什么

在提出真实有效的问题这方面，我想讲的最后一点就是简简单单地提出一个问题就可能足以激发学习者思考了。让他们思考最有力的方式就是以一种让他们做"有用之功"的方法来提出问题。例如，你可以问："植物细胞的细胞壁与动物细胞的对应结构有何不同？"你还可以换种方式来表述同样的问题："你可以构建怎样的模型将植物细胞与动物细胞加以区分？"也许，要求学习者去做某件事最好的方法，就是让他们以组员或伙伴的形式去相互交流。前面的问题就要求学习者做些什么，也完全可以加上新内容："问问你的搭档，'植物细胞的细胞壁与动物细胞的对应结构有何不同？'并据此做个差异辨别表。"如果学习者必须对问题做些有用的事情，就会增加其参与度，尤其在所有学习者都被期望着做点什么的话，那更是如此。

可以启发学习者的问题

最真实的问题往往来自学习者本身。通常，只有在正式学习之后，来自学习者本身的问题才能浮出水面，不过这些问题仍然算是有效的问题，倘若得不到及时的解决或回答，很可能会妨碍未来的学习。这就是为什么建立一个能鼓励学习者在任何时候都可以分享自己的问题的系统非常重要，仅仅能做到在课堂上主动举手是远远不够的。创建这样的系统还有另一个原因，那就是有的学习者出于多种原因不想被关注，但依然觉得自己可以做出贡献。你可以轻易分辨出这些学习者，因为他们在课堂上表现得很专注，但除非被要求，否则永远不会自愿主动地参与交互。在面对面授课时，可以在墙上预留一个位置，作为"问题停车场"，学习者们可以在这里张贴自己想问的问题，还可以要求学习者在离开教室时把他们提的问题作为退场券交给你，还可以在桌子上放个鞋盒，把它当作问题箱——这些方法都可能帮你收集到来自学习者的额外问题。留言板、问题探讨帖子、电子邮件或家校沟通平台可能对学习者更有吸引力，因为他们可以在线上分享他们的问题。为了鼓励学习者提出问题，需要做的不仅仅是简单地去问比如"大家还有问题吗"这样的僵尸问题，它要求教师去实际处理学习者提出的问题。警告一下——班里那些精明的学习者其实知道，要是他们问了某个恰到好处的问题，可能会引发你的兴趣，进而带着你偏离教学主题，再把整个小组带偏到一个本不至于纠结其中的兔子洞去。我所指的是如果他们在电子留言板上留下了问题，而导师却从未提及这些问题，那他们就不会再在上面提问了。因此，你要每天检查你所创建的问题收集系统，再找到某种方法将这些问题纳入当天的课程，这是个值得培养的好习惯。

小结

1. 你对学习者了解得越多，你就越能根据他们的需求来定制问题，从而获得他们的兴趣和参与度。

2. 与学习者保持一致，并肩而行。

3. 引用、隐喻和类比可以帮助你节省时间，这样能让你尽可能地利用学习者已经掌握的常识。

4. 如果学习者被要求在应对某个问题时做某件事，他们就会记住和学到更多。分组与写作是应对问题的理想活动，能促使所有学习者都做些工作。

5. 如果问题来自学习者，会自然而然地提高该特定学习者和所有学习者的兴趣及参与程度。

如何根据复杂性及难度对问题进行分级

要想提出更能被加以界定的问题，就要在问题的认知挑战性上做文章。能做到这一点的唯一方法便是要求学习者使用不同的心理过程，这也相应需要更多的脑力投入。1956年，本杰明·布鲁姆博士创建了认知领域分类法。从那时起，我们就一直采用他的分类法作为对界定指标的衡量标准，而且我们一直都在努力让学习能够超越知识和理解这样的低端水准。

在分层提问的理念中，教师或其他学习者提出的问题最初应该比较容易，这样才能让学习者为后面更难、更复杂的问题事先做好准备（见图8–1）。在布鲁姆分类法中，布鲁姆博士从知识和理解出发，逐步发展到整合水平，如创造、创造性思维和问题解决（见第3章"高阶思维与问题"）。自1956年布鲁姆分类法问世以来，特定的疑问词与回答问题所需的思维水平之间就出现了明显的直接相关（见表8–1）。

表8–1　　　　　　　　　分层提问的等级划分

布鲁姆分类法中的词汇主干		
认知水平	触发动词	问题词干
知识	列举、背诵、提纲、定义、命名、引用、回忆、查明、标签、分辨、选择、描述、定义、识别、定位、记忆、背诵、辨认、选择、陈述	……是什么？……在哪里？谁是……？何时……？……有多少？……到了怎样的程度

续前表

布鲁姆分类法中的词汇主干		
理解和认识	描述、转述、重述、比较、总结、对比、解释、讨论、演示、区分、表达、扩展、关联、说明、指示、相互关联、解释、推断、判断、转述、表示、重写、选择、省略、匹配	……具体是什么？你能重述……吗？……的功能是什么？……是什么意思？这和……一样吗？……的定义是什么？能用一个词来陈述……吗？你怎么解释在……发生了什么吗？这些是什么意思
应用	计算、预测、解决、说明、使用、演示、确定、模型、执行、呈现、选择、戏剧化、解释、概括、评判、组织、绘制、准备、制作、选择、展示、草图、图形	……怎么做？……的例子是什么？你会如何使用……？要……的步骤是什么？你会怎么做图形呢？你会尝试哪些步骤？你将如何解决这个数学问题？你会怎么画出图表？在这……有什么期望
分析	分类、分解、划归、分析、图表、说明、简化、关联、区别、比较、区分、区隔、识别、解释、指认、细分、调查	哪个……？这是哪个？事实如何？有什么意见？你看到了什么错误？有什么假设？你发现有什么不一致之处……？在……和……之间有什么区别呢？有什么前提？……有什么主旨？在……使用了什么风格？在……中采用了哪些技术？图表上显示了什么
评估和批判性思维	选择、支持、联系、决定、辩护、评判、评分、比较、优先级、对比、辩论、证明、支持、说服、选择、评估、评价、推断、批评、翻译	为什么……是最好的一个？哪一个更有价值？最重要的是什么？你会如何优先考虑……吗？你如何能支持你的观点呢？你能从中得出什么结论呢？有什么明显的错误吗？作者的观点是什么？你的观点是什么呢

续前表

布鲁姆分类法中的词汇主干	
整合、创造性思维及解决问题	设计、制定、构建、发明、创造、组合、生成、派生、修改、开发、选择、结合、建造、创建、开发、执行、假设、发明、制作、编造、发起、组织、计划、生产、改进、预测	出现了什么谬论和矛盾？哪个更重要、更道德、更好、更合乎逻辑、更有效、更合适？查找错误。预测如果……会发生什么

不仅知识类型可以分层，思维类型同样也可以分层。埃里克森提出的基于概念的课程中就涉及不同类型知识在思维复杂性上的差异。他的分类脉络是从事实开始的，然后再过渡到主题、概念、原则、概括，直到理论。他认为学习的最初目标应该集中于概念层面，而非主题或事实层面。当然，为了做到这一点，还需要主题和事实作为铺垫，但它们不该喧宾夺主。一旦学习者达到了知识中的概念层级，那他们就可以开始结合对其他概念和原理的理解，进行概括与转移。在图 8-1 中，我兼顾了布鲁姆分类法和科斯塔的提问等级。

不过我自己的研究表明，从学习的角度来看，还需要再使用一种不同的层次结构（见表 8-1）。让我在进行解释之前先说一句：作为教师，你不需要一个学生一个学生地去问这些问题，直到全班每个人都回答过。有一种更简单的方法能让所有学习者都回答问题。最没有得到充分利用的学习设备之一，就是教室的四面墙和教室外的走廊。你可以把你希望学习者们能够获得的知识的视觉信息放置在四面墙上，如果你愿意，甚至还可以放置在地板和天花板上。然后，在你浏览分层问题或在你的学习者与他们的伙伴浏览分层问题时，还可以通过多种方式去参考墙上的内容。如果你希望引导学习者进行分层提问，而不是直接将问题分配给不同小组，那为了让收益最大化，可以让所有学习者同时来回答问题，无论是靠口头上齐声回答还是靠肢体动作统一完成，都可以。第 13 章将更深入地讨论用肢体反应来做回答反馈。

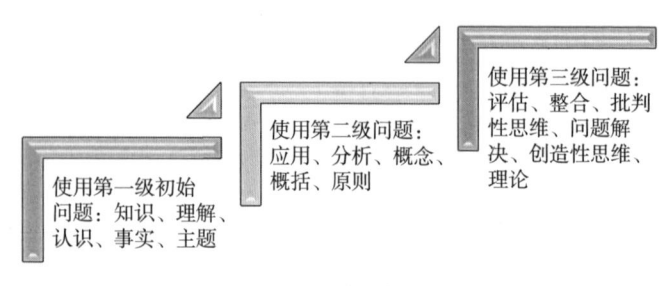

使用第一级初始问题：知识、理解、认识、事实、主题

使用第二级问题：应用、分析、概念、概括、原则

使用第三级问题：评估、整合、批判性思维、问题解决、创造性思维、理论

图 8-1　分层提问

针对知识发展的分层提问

开始需要提供事实陈述，以诱导知识出现，或者在所说的东西和所见的东西之间建立关联。我称之为第一层"展示"。一旦学习者对事实有了足够的了解，真正的学习就会伴随着问题而自然发生。

首先是简单的识别问题：

- 这是一只猫吗？
- 这是内质网吗？
- 这是硬盘吗？
- 这是一个营销目标吗？

最小化使用配对是帮助他们识别差异并妥善使用词汇的好方法：

- 这是地鼠还是土拨鼠？
- 这是一匹矮种马还是一匹普通马？
- 这是分数还是百分数？
- 这是名词还是代词？
- 这是一个变量还是一个常量？

接下来就是让学习者用简答的方式来写出标签、术语或概念：

- 这是什么？
- 猫的学名是什么？
- 你把连接到电脑上的电源线称作什么？

然后，进一步增加难度：

- 下雨的时候你会使用什么工具？
- 天气变冷，你会穿上什么？
- 你想给一个句子结尾，会用什么标点符号？
- 如果你想兑现一张支票，该去哪里办理？
- 氧与氢结合能生成什么化合物？
- 我们在餐桌上使用的常见化学化合物中有氯元素吗？

从这里开始，你就能提出一些更具有认知挑战性的问题了。在这一层级中，要求学习者用完整句子作答会很有用，就算问题可以只用一个或几个单词来回答，也是一样的。你还可以预先提供句子的主干或词汇组合的话术：

- 我要从佛罗里达出发到欧洲旅行，都可以使用什么交通工具？
- 我要收拾行李，准备 12 月去阿根廷旅行，我该带什么衣服？
- 1812 年，哪两个国家之间爆发了战争？
- 当我把电极的负极和正极同时放在水中并通电，水中会出现什么气体？
- 如果我有两个变量和两个常量，可以怎样来给问题求解？

最难的问题是价值观和观点层面的问题。比如：

- 莎士比亚借哈姆雷特之口说"生存还是毁灭"，你认为其究竟是何意？
- 为什么会有人相信庞瑟托尼镇的土拨鼠菲尔能预测冬天会持续多久？
- 夹克和毛衣，究竟哪个更保暖？

表 8–2　　　　　　　布鲁姆的行动词汇和问题启动词汇

学习过程中的分级提问表
1. 知识：通过反复的听觉和视觉学习多次接触内容从而带来熟悉感
2. 识别：找到所见所闻的内容间的关联性，如定义某个词汇
3. 理解：进一步在口头、书面或现实层面上识别一个概念
4. 区分：进一步以将某一概念与和其说起来类似的概念区分开，通常以书面形式或现实操作实现
5. 生成：在给定含义或定义的情况下，能够在上下文中运用词汇或概念
6. 运用：能够在正确的情形中应用概念
7. 价值：在个人或更大的背景下权衡概念的相对价值、效用或效果
8. 观点：对于概念有个性化的偏好或喜好
9. 创新：利用知识交流问题和想法，或形成/构成/构建新概念

- 造句时，你认为怎样才能最好地利用标点符号来表达情感？
- 在你看来，1812 年的美国第二次独立战争与法国大革命，哪个给普通民众带来了更大的利益？

分层提问的最终部分实际上掌控在学习者自己手中。眼下，该学习者正在使用知识并提出自己的问题（详见第 14 章）。

小结

1. 给提问进行分层，要从简单的事实发展到让学习者创造出新的想法和理论。

2. 布鲁姆分类法与问题中所使用的行为动词相对应，这些词汇可以鼓励学习者使用特定的思维方式，见表 8–2。

3. 有个能使用分层提问问题去启发学习的新模式，其中包括展示、识别、理解、区分、生成、运用、价值、观点与创新。

引导性问题与探究性问题

引导性问题

在销售领域，引导性问题总被销售人员用于引导客户得出卖家希望他们得出的结论，也就是买下其产品或服务。比如：

> 试驾这么棒的车，坐在豪华的真皮座椅上，你愿意为买下这辆车付多少钱？

民意测验专家也会使用引导性问题来让受访者以某种特定方式回答问题。比如：

> 在过去几周里，我们注意到各种骚乱及打砸行为有所增加。如果通过给出1到5分作为衡量指标，你会怎样评价政府处理这些情况的能力呢？

在学校里，提出引导性问题可以帮助学习者有更好的表现。比如：

> 我们的校规规定，如果学生走路东倒西歪的，就要被送到校长办公室。你走路如此歪歪扭扭，是不是想去见校长了？

因为这类引导性问题是一种胁迫与操纵的手段，所以往往并不受欢迎。不过另一方面，引导性问题也的确有一些积极的用途。比如，可以提出引导性问题来试着帮助学习者（参考第9章的"脚手架问题"）。比如：

> **教学主题——密度**
> 我们讨论过了水结冰的时候会膨胀，那这说明冰的密度有

什么特点呢？

人行道上每隔四英尺[①]就会在水泥中插一个膨胀垫片。在炎热的夏天里，如果没有这些垫片做间隔，人行道会产生什么变化？

教学主题——指数定律

如果用2乘以2，就会得到2的平方。那如果把'a'乘以'a'，又会得到什么？

如果a^2乘以a^3得到a^5，那么$(a+b)^3$乘以$(a+b)^4$会得到什么？

教学主题——历史

门罗主义旨在抵制欧洲殖民中南美洲新兴国家。所以美国为什么要向墨西哥的贝尼托·华雷斯（Benito Juarez）提供军事支持？

罗伯特·E.李（Robert E. Lee）是一位南方阵营的将军，在他领导下，南方军在美国内战中面对尤利西斯·S.格兰特时赢下了几场战斗。在葛底斯堡，他犯了什么致命错误？

教学主题——文学

迈克尔·克里顿（Michael Crichton）所著的《侏罗纪公园》（*Jurassic Park*）讲述了人们尝试从远古DNA样本中复活恐龙的努力所酿成的悲剧。你认为作者想让我们理解的信息究竟是什么？

科幻小说是一种把人们放入假设的未来之中去展现各种情景与互动的文学类型，它和其他小说有何不同？

教学主题——哲学

如果我们接受了人文主义所宣称的、人受其经验的绝对影响，那该怎样认识与理解著名的人文主义者比尔·奈（Bill Nye）？

---

① 1英尺 ≈ 30.48厘米。——译者注

斯多葛主义指的是要在态度上接受世界和我们的处境，不去担心我们无法控制的事情。那在西奥多·罗斯福（Theodore Roosevelt）的著作中，他如何证明了这一点？

教学主题——计算机技术

算法是一组旨在执行某项功能的连续操作，并在特定命令指导下发挥作用。那么，什么命令可以启动布尔搜索算法？

在编程中，"if-then"参数可以允许根据输入的数据进行不同的操作。那如果"if-then"陈述错误了，那这些操作会产生什么？

探究性问题

在创建野猪式问题，也就是在备课创建问题时，需要考虑在主要问题之后添加可能的后续问题来帮助学习者加深理解。在预期学习者可能产生的误解、误读方面，探究性问题不仅可以让教师对学习者的知识掌握或想法内容有大致了解，还可以帮助学习者理清思路，并开始沿着更有效果的思路进行思考。探究性问题还有一个好处，那就是这些问题都是发散性的和开放式的问题，而且因为前提条件都已经提出过，所以通常很简短。以下是一些示例：

- "你能解释一下吗？"
- "你说……是什么意思？"
- "你从……中理解到了什么？"
- "你能举个例子吗？"
- "有什么证据能支持你的想法？"
- "你认为……最重要的是什么？"
- "这和……有什么关系？"
- "你推断出了哪些信息？"
- "你是怎么做到……的？"

小结

1. 在大多数情况下，引导性问题并不受欢迎，但在商业、销售、调研和媒体领域，这类问题几乎随处可见。引导性问题的目的是试着引导个人产生特定的选择或观点。在教育中，引导性问题可以通过提示、线索和提醒来帮助学习者正确地回答或处理问题，从而促进学习者成功作答。
2. 探究性问题在学习者提供不能完全反映出其想法或理解的答案时可用于进一步跟进、评估。这些问题往往是开放式的和发散的。

通过提问进行辅导和指教

辅导

如果我们真的相信学习者该为自己的学习负责，那我们就必须用一种当"教练"的心态去辅导他们。我们都能想象体育教练会怎么想；教练站在边线之外，亲自上场去参与竞技的才是选手。可即便是教练，也并不是每个人都能掌握"教练式辅导"的方法。你肯定也见过这样的教练：对着选手大喊大叫，声嘶力竭地发号施令，当着全世界的面呵斥自己的选手。这从多个角度上讲都存在问题。倘若这些教练当着球迷的面都能有这样的表现，那他们在训练中的表现可能更差。在这样的学习环境里，该有多么强的对立性！最糟糕的问题就是这类教练对选手的态度。他们的行为流露出了这样的信息：

> 你需要我，因为我什么都懂。你需要我，因为是我给了你机会。你必须听我的话才能赢。我不相信你能靠自己解决问题。

这样的教练带队往往都不会长久，队伍很快就会走向溃散。不幸的是，我在课堂上也目睹过老师们有同样的行为，他们的提问变成了质询、讽刺，甚至是嘲笑。

不过，好在我们看到天平另一端有截然不同的教练。这类人处事冷静、关心他人、全情投入，他们相信自己的选手会自己按照已定的方案和既有的练习来行事。这些教练会叫暂停，却不会发号施令；他们提出问题，指出自己观察的结果，再追问"你们打算怎么办？"这些教练明白，比赛并非他们的比赛，而是选手们的比赛。他们明白，教练无法强迫球员去做何发挥，他们所能做的就是鼓舞、启发和激励。我很幸运地见过与这些教练一样优秀的教育工作者，他们把提问作为构建彼此信任、自我认同和自我价值的有力工具。

在教育中"辅导"的基本前提就是教练（与教师）本身并不承担工作。教练不该为学习者定下任何决策、目标或计划。教练甚至都算不上顾问。教练也不是负责学习的那个人。在与学习者的所有互动中，教练都该把学习者视为学习的唯一责任人。"唯一责任"的意义就是，学习究竟有100%的效果还是毫无效果，完全取决于学习者本人做了什么，以及没做什么。教育中真正的辅导是一种积极的力量，它是一个放大镜，可以为学习者查看及反思学习上的行为和后果，并一直提问"你打算怎样做得更好"。这便是"辅导"，也是我说的"教学"该有的心态基础。

积极关注

教练靠什么来点燃学习的火焰？最好的工具便是问题。教练向学习者提出的所有问题都应以真诚、积极地关注学习者作为基础。而最好的积极关注就是信任：相信他们能说到做到，相信他们是独立的思考者，相信他们能够解决问题，相信他们都是优秀的学习者。虽然许多教师会说"我是因为关心才会问问题"，但他们的问题却更像审问，这会让学习者感到被冒犯、尴尬或者羞愧。如果教练（教师）真的关心选手（学习者），那在心理上一个很简单的转变方法就是调整你所有要问的问题，不仅能表明你真的在关心与信任学习者，你也非常看重与认可他们。任何以"你有没有……"开头的问题其实都有一个自动的假设,那就是对方"并没有"。以"你难道……""你为什么不……"和"为什么要……"开头的问题也俱是如此。在回答这类问题时,学习者难免被激起了攻击性,不得不为自己做的或没做的事情辩护。不管提问的语气或者方式怎样,其结果都是一样的。我不由得想起了《哈利·波特》系列小说中的多洛雷斯·乌姆里奇教授,她竭尽所能地用最甜美的声音问出最可怕的问题,实际上这让问题变得更可怕了。改变提问方式,是可以把指责的话语(无论说起来多么温柔甜蜜)转变为信任与信赖对方的话语。我们该这样去翻转问题:我们先要假设,不管提问的目的是什么,学习者都已经达成了,而我们想知道这一结果。具体该怎么做呢?如果我们想问的问题是:"你有没有把等式两边同时乘以 2 了?"那如果学习者已经这么做了,他可能会想:"我又不傻!得了吧你!"如果他没有这么做,他可能会想:"我没同时乘以 2。你要拿我当傻子了,又要给我统统讲一遍!"不管怎么样,学习者都会从一个看似无害的问题中遭遇负面的信息。如果假设任务已经完成,然后去询问结果,仅仅改变同一问题中的几个词,就会产生截然相反的效果。"你把等式两边都乘以 2,结果是多少?"如果你这样问,学习者就很可能会感激你给了他信任感。问题也就转化成了一种肯定的表达。如果他没做,学习者会因为你至少认为他做过而感到高兴,并且会毫不犹豫地说:"这个主意不错,只是我还没这么做。"表 8-3 就提供了一些例子来说明怎样将质询转换为肯定。

表 8-3　　　　如何将问题分层法匹配到学习过程中

将问题从消极转向积极	
消极的唠叨	推定积极意图
你为什么没有学习?你明明有的是时间	能告诉我你昨天干什么了吗
你记得你还有作业没做吗	你打算什么时候写作业,你觉得最困难的部分是什么
你先考虑使用多项式了吗	你解决这些问题都用了哪些步骤

续前表

将问题从消极转向积极	
你复习明天要考的词汇了吗	你都做了些什么来准备明天的单词测试
你为什么不回答这个问题	请解释一下你想怎么回答这一问题
你是怎么做错的	你是怎么得出你的结论的
你难道不明白为什么这样行不通吗	你分析这个问题的时候有什么发现吗

成为放大镜

靠着足够的观察力,往往就能成就一位高效的教练,这使得他能直指问题所在,并通过解释来让学习者也能洞悉问题的本质,就像个放大镜一样。小学老师可能会说:"你的作业质量一直很高,可我注意到最近有所下降,你觉得是什么原因导致的呢?"大学教授则可能会说:"你以前跟我说过自己在统计学方面很吃力。那你有什么计划来提高自己的统计分析能力呢?"高中数学老师可能会说:"你花时间仔细写下了每一步演算。那你能做些什么来确保自己的每一步推演都准确呢?"英语培训机构的培训师可能会向小组提问:"我看你们中大多数人给这个写作范本打了 1 分。请跟你的同桌探讨一下,为什么没有打出 2 分或者 3 分的成绩。"

积极批评谬误

在辅导领域,我还想澄清的另一个问题就是对积极批评的过度使用。每当我们想强调"我跟你讲这些都是为了你好",其实可能并非如此,只是这样的话能让我们觉得自己已经达成了某种责任而已。在学习环境中,无论是在班里、线上还是研讨用的会议室,一旦我们出于"为了他们好"的目的而发问,向学习者展示他们还有多少东西要学时,实际上是在贬低学习者,向他们展示着我们有多聪明。一些教授、讲师和教师表面上喜欢用苏格拉底式问题来指出学习者思维中的缺陷,"同学们,你们在她的回答中看到哪里有错?"以积极意图作为假设,其实更好的问法应该是:"同学们,她的回答很有价值。

谁能帮她进一步巩固她的价值？"我并不是说错误不该被纠正，只是说在全班面前这样做，其实并没有任何积极意义。就算学习者给出的答案完全错误，起码也可以肯定其付出与努力：

> 谢谢你愿意回答这么难的问题，为了获得可能有效的答案，这样的回应才是第一步。能不能让我给你点时间再考虑考虑，稍后再回来接着问你？

甚至苏格拉底本人也会同意，假学习之名，直接把"正确答案"全盘托出，这肯定不对。倘若学习者必须就某件事加以思考，那他对这件事的记忆也会相应增强。帮学习者找出他们自己的错误，能强化学习者对自己真正要对学习负责的认识。倘若我们真的觉得学习者可以从我们的智慧中获益，那作为一个高效的教练，该问一个也许算是最强而有力的问题："想要点建议吗？"毕竟，它能够给予学习者力量。

小结

1. 就像体育教练必须让运动员对自己的表现负全责一样，教育上的教练（教师）也必须改变学习者的心态，让他们同样相信这一点。

2. 教师所拥有的最重要的工具就是与学习者的关系。不过这种关系往往是对抗性的。伴随着积极的关注，学习者就会拥有力量，认为老师是来帮自己的，而非批判自己的。

3. 教育教练的目的是帮学习者清楚地看到目标和自己的错误，以便他们能纠正错误，更上一层楼。

4. 积极批评往往并没有积极效果。帮学习者看到他们自己的错误才是纠正错误更好的方法。询问学习者是否需要帮助或建议则是纠正误解和错误的另一种更好的方法。

第 8 章　与问题有关的基本知识：编写问题方面有什么高效的方法

如何通过提问来拓宽理解

如何推动学习者深入探究

我在我的书《教学生深入探究》（Teaching Students to Dig Deeper）中强调过，应该通过提问来吸引所有学习者，无论这意味着让所有人同时大声回答一个问题，还是让大家在一分钟内找个同伴共同回答问题，抑或是让学习者全都以活动身体的方式来回答某个问题（见第12章）。必须让所有学习者都能参与，问题才算有效。不过我也很遗憾地认为，这就否定了传统的由教师所引导的讨论，毕竟这种讨论向来没法真正让全班同学都参与其中——通常来说，只能是教师与少数几个不觉拘束的学习者之间的讨论（见第13章）。其中，重点是让所有学习者都利用有力的问题进行更深层次的思考。别忘了，学习者并非讲师，而是探究深挖的人。我们在本章中讨论过分层提问，即在对知识加以辨识的问题的基础上，逐步增加难度和复杂性。我们先暂且假设学习者已经获得了知识和理解这两个层面的能力。

在写作《教学生深入探究》时，我发现了人们为深造与入职做好准备的十项特质表现，所有人都需要这些特质，才能在这两方面及生活之中获取成功。图 8-2 就列出了这些特质表现。

如何学习	如何持续学习
学会分析	保持魄力
学会批判	保持好奇
学会创新	善于接受教导
学会表现	保持开放性
把握机会	具备灵活性

图 8-2　准备深造和入职的十项特质表现

在第 6 章中，我们研究了如何严谨地设计野猪式问题，以及如何创建基于问题的教学推进。不同于我在《教学生深入探究》一书中对每个特质都进行了全面的解释，在这本聚焦于如何提问的书中，我会给出一些建议来告诉你该如何通过提问来促成这些特质，从而让学习者能更深入地去探究（见表 8–4）。

表 8–4　与准备深造和入职的十项特质表现相关的问题

可以启发学习者的问题	
挖掘更深层的特质	示例问题
学会分析	它是如何工作的 你采取了什么步骤 缺少了些什么 有哪些规则
学会批判	哪一个是最好的选择？为什么 这有什么价值 你的看法是什么？为什么会有这样的看法 为什么这个方法能起作用，或不起作用
学会创新	你如何改进这一点 你还能做什么 你将如何解决这个问题 如果…你会创造什么
学会表现	你觉得…怎么样 你有什么想法 你如何解释自己的想法 你能做些什么来说服我
把握机会	你有什么建议 你还能学到什么 你有什么选择 你现在能做什么

续前表

可以启发学习者的问题	
挖掘更深层的特质	示例问题
保持魄力	你该怎么办
	你怎么知道的
	你遇到了什么障碍
	你有着什么优势
保持好奇	你看到了什么
	你注意到了哪些东西独一无二
	你最感兴趣的是什么
	如果情况变了，又该怎么办
善于接受教导	你从哪里得到答案
	研究表明了什么
	你怎么知道是否正确
	谁能回答你的问题
保持开放性	还有什么其他观点
	相反的观点是什么
	你如何使自己的想法与他人协调一致
	如果你错了，你的计划是什么
具备灵活性	你有什么备选方案
	你必须考虑哪些变量
	你有什么需要澄清的
	你如何适应变化

拓展性问题

与前文讨论的探究性问题类似，拓展性问题能促使学习者拓宽思维，并在未经探索的领域进行智力探究。与所有其他问题一样，这些问题应该也被列入一系列野猪式问题之中，在备课期间就准备好。这些问题应该位于第三层级，即整合层级（创造、解决问题）和第6章所讨论的理论层级。在这个层级的提问中，我建议你还要要求你的学习者、团队、小组、合作伙伴去反思自己学到了什么，以及如何进一步改进学习。同所有问题一样，所有学习者都必须针对问题做些事情。在我的设想中，小组或合作伙伴需要为一些深刻的问题找到答案。以下是一些示例：

- "如果你能让一件事发生改变，会怎么样？"
- "你会怎样给这个故事收尾？"
- "如果没有……未来会是什么样？"
- "你会怎样创造一个更好的……"
- "如果你能回到过去……"
- "你怎样才能发现更多……"
- "还有什么……可待发现？"
- "你的成功之处在哪里？"
- "你想进一步调查什么？"
- "你从……中学到了什么？"
- "你怎样才能提高自己在……中的表现？"
- "你会给你的团队或追随你的人怎样的建议？"

小结

1. 准备深造和入职的十项特质表现可分为两个部分：需要学会的技能与需要一直去学的技能。

2. 一旦基础学习完成，拓展学习便会发生，通过"如果……会怎样？"来提问以及提出具有反思性的问题，将会加深学习者的理解程度。

文化敏感性问题

考虑文化的影响

当今社会普遍存在的多元文化狂热浪潮坚定地认为，凡事都必须要考虑到且充分包容其他文化。我无法确定我们提出的每一个问题或提问的方式都能做到这一点。作为一名教师，我们中很少有人能在会议厅、研讨会和教室中拿每一种语言提问。保持敏感并体谅其他文化，并不意味着我们必须在进入房间时就把我们自己的文化留在门口。我的意思，如果你有某些程序或操作可能会遭遇其他文化的误解，那就好好解释一下，你在做什么和这么做的原因。例如，在我的西班牙语课上，我问问题时，希望男性学习者当"绅士"，女性学习者当"淑女"。为此，我会花时间解释这意味着什么，以及他们应该如何回答我的提问。而在其他文化中，对男性或者女性的期待可能与此并不相同。不管用什么语言——正如我们要在下一节中所讨论的，能够理解才是关键，这也使得教师的工作容易了很多——只要确保每个问题都有多个理解的线索和提示即可。事先了解受众，是能根据文化差异调整提问的唯一方法。不仅如此，还要考虑他们从何处（气候、饮食、电影、历史等）获得了背景知识和典故使用上的禁忌。从我的经验来看，人与人之间的相似之处还是要多于不同之处的。我还可以提供另一个建议，那就是别对某些学习者会如何回答你的提问抱有什么忧虑。比如，在有些文化中，认为直视对方的眼睛是一种冒犯。

避免文化假设

有一次我和妻子在院子里摆摊，吸引了一些对我们售卖的东西感兴趣的客人，其中一对夫妇看上去像是西班牙裔。既然我会说西班牙语，就用西班牙语和他们开始了交流。可他们只是奇怪地看着我，并没有做出回答。很显然，我冒犯到了他们，可他们依然保持着礼貌。我重新开始说英语，也为跟他们说西班牙语这件事致歉。他们解释自己其实是纳瓦霍人,并不会说西班牙语。于是我得到了一个教训,那就是我应该停止对文化进行假设。我认为我们应该对文化宽容,而这种宽容不应该表现为某种对文化的冒犯。如果使用西班牙语词汇会帮助一个以西班牙语为母语的学习者理解一个问题,那我就会在确保知道单词意思的情况下,使用这种语言。

辨别你的偏见

对于那些真诚地致力于提升文化敏感性的教师来说,在职业发展方面,有个很有趣的方法就是邀请一位观察者进入你的教学空间,让观察者以性别和种族为依据追踪你的互动。靠简单的网格就能显示学习者在小组中的位置,观察者可以用容易记忆的速记法简单做课堂记录,比如用"IQ"代表教师提出的问题,"PQ"代表学习者提出的问题,用描粗来表示重复。还有个非常棒的方法就是把你自己的课程录下来,然后找个你信任的人一起来回顾这段视频。独自观看会令你很容易忽略那些令人不舒服的真相,观察者则会让你保持诚实的态度。我们每个人都存在自以为不存在的偏见或偏爱,以上就是发觉它们的好方法。关于这一主题的更多内容会在下一节加以讨论。

小结

1. 保持文化敏感性需要灵活性和耐心,但这并不要求你摆脱自己的文化。通过解释与协调,你的文化总能与团队中的其他人共存。语言通常是个障碍,为了增进理解而尝试采用其他语言交流并无不当。要小心那些别人可能无法理解的、在特定文化中的典故。
2. 避免文化假设就像了解你的受众一样简单,去问问他们。
3. 给自己录像,或邀请一名观察员进入课堂,观察并记录你的教学行为。

热心对待语言学习者

我在某个小学区担任地区领导时，发现盎格鲁裔学生和西班牙裔学生之间的成绩至少相差20%。我知道，老师们对盎格鲁裔学习者和西班牙裔学习者的教学方法并没什么不同。我通过调查发现了导致这种差距的两个因素。第一是教师所使用的"学术语言"；第二是学习者"缺乏背景知识"。这两个因素都可能与种族、经济地位或文化有关，不过实际上教师可以采取措施将其影响降至最低。还有个有趣的事就是，针对背景知识缺乏或学术语言知识缺乏去做适配并没什么负面影响。这样做其实可以帮助所有学习者更好地理解教学内容。

英语学习者

在任何学习情景中，学习者可能有着多种多样的母语，而教师的工作就是能够触及这些情况。提出让所有学习者都能在同一水平上理解的问题的确是个挑战。不过正如前文提到的，克服这个挑战有助于所有的学习者，而不仅仅是那些英语水平堪忧的人。随着英语学习者人数的增加，就需要迎合他们的理解需求。基于"为了使个人的英语学习能成功"这样一个想法，必须让他们具备理解问题的能力。于是美国学校出现了掩蔽教学法、沟通教学法、特殊设计的英语学术教学法（加利福尼亚州的 SDAIE）、掩蔽教学观察计划方案（SIOP）和英语语言能力标准（得克萨斯州的 ELPS）等学习方案。教师有两种方法可以做到这一点：提供与共同文化知识和经验相关的多种输入形式，或直接用他们的母语与他们交谈。

问题中的可理解输入信息

我有学习和教授语言的经验，我也知道"理解"是各种关键。那教师在提问时，如何帮助学习者去理解呢？请记住，如果沿用传统方法，即向全体学习者提问，那就是在浪费自己和学习者的时间。所以，只要所有学习者都能理解问题，那他们就都应该回答问题。如前所述，教师必须提供多种输入源，并让所有这些输入源都指向其想要达成的理解。根据 SIOP 方案，可理解的输入包括一系列视觉提示的组合。比如：

- 图片、图表、地图或图画；
- 视频、音乐、声音；
- 哑剧、动作示意、手势、模仿、指向；
- 跳舞、运动；
- 实际的书面问题。

比如，在教西班牙语的时候，我知道把视觉图像（我画的一手精湛的简笔画）和黑板上的词汇加以联系，这样就能让可理解的输入陡然生动起来。我还教学习者如何通过指向、触碰或站在正确的词汇下面来回答与词汇相关的问题。这种"识别"类的练习能帮学习者立即知晓词汇含义，因为他们可以看到图片，并通过重复将图片、概念与西班牙语单词联系起来。我发现，无论是在讲座中还是在线上教学时使用演示文稿，通过提供视觉效果来降低学习难度都非常重要，而且这一方法老少咸宜。

虽说线上学习完全是视觉化的，但若能在问题中添加一张带有单词的图片，还是会让理解和记忆（也就是学习）变得更容易、愉快。就我个人而言，我会尽量使用照片——剪贴画的效果过于短平快。千万别忘了教室或演示空间中的四面墙：在墙上放置概念图、锚点图或图表就能唤起情景记忆；在你邀请他们四处走动时，效果尤其好。如果你提及某张锚点图（其中包括关键要素和已经学到的知识的视觉提示）时，记得用教鞭或激光笔来指出与你提问有关的部分内容。只要所有的学习者都齐声回答了这个问题，来学英语的人就自然而然地可以看到和听到答案了。

如何让学习者积累背景知识来提出问题

根据罗伯特·马扎诺（Robert Marzano）的说法，可以通过以下几种方式完成背景知识的积累：实地考察、虚拟实地考察、视频、故事讲述，以及令人惊叹的阅读。其背后的理念是，在某种程度上，学习者必须通过体验才能把新的学习与经验或背景知识加以联系。除了真实的实地考察和虚拟的实地考察之外，视频片段就是建立背景知识的最佳方式了。有一个由美国大学理事会制作的创新英语课程，叫作SpringBoard，就是用流行电影的短视频片段将学习者与文学及写作联系起来。美国版权法规定，出于教学目的，教师所播放的视频片段并不侵犯版权，只要他们能证明此举出于教学目的即可。利用当今的技术，把五分钟甚至时长更短的视频片段剪辑出来放进 PPT 或者学习管理系统中，根本算不上难事。短视频片段非常适合为各种学习者回答和提出问题搭建舞台。为了让学习者能保持较高的理解水平，还可以在提问时用上视频截图，就粘贴在问题旁边即可。

对所有的学习者会有所帮助的事情，尤其是对那些不完全精通英语的学习者，那就是在句子的开头语或主干上下功夫。通常来说，学习者很可能自己知道答案，却不知道该如何用完整句子表达。为了帮助这些学习者，在"一问一答"的环节中，问题应该提供视觉信息和答案主干。比如：

> 如果澳大利亚人在七月时已经穿上夹克、戴上手套，那么七月是一年中的什么季节？
> 在澳大利亚，七月是……

小结

1. 学习团体中的英语语言学习者，以及讲英语的人群在"学术"语言方面的流利程度各不相同，且背景知识往往有限。
2. 包含内容的线索，如视觉信息、手势、文字信息、图画、音乐和动作等往往有助于加深理解。

3. 在提问之前，为学习者积累背景知识至关重要，除了带他们进行实地考察之外，提供视频片段和文献也能起到同样的效果。提问时，提供书面和口头问题的视觉刺激，并提供一个句子主干来帮助他们回答。

第9章

如何进行脚手架提问：
如何以学习者的成功为基础，搭建脚手架问题

搭设脚手架可以让砌砖工人安全地往建筑物上一排排添砖加瓦。与之类似，脚手架问题是一种通过提出问题来联结先前知识，并以此为基础继续构建知识的方法。脚手架问题的目的是让学习者能系统地做好准备，成功回答问题。第 13 章将介绍，在教学过程中，很难直接提出高层级的脚手架问题。要想设计出好的脚手架问题，首先要考虑学习者可能觉得哪些事情有困难，比如他们可能没有读过某些文学经典，或者不知道特定的历史典故。接下来，在备课的时候，就要设计野猪式的脚手架问题来满足特定学习者（受众）的需求。教师应该精通如何设置脚手架问题，也就是如何根据布鲁姆分类法，在不同的难度和复杂度上设置问题，以帮助学习者更好地提供答案。

脚手架问题

构建脚手架问题的方式有两种。

1. 对问题中学习者可能并不熟悉的术语或参考内容进行口头上的解释和视觉上的提示。当然不是去问"乔治·华盛顿（美国的第一任总统）的白马是什么颜色的"这样的问题，更好的问题应该是"究竟是什么使得乔治·华盛顿说出了'我不能说谎'"；"克里斯托弗·哥伦布（Christopher Columbus）在 1492 年发现北美，欧洲人的探险时

代正式来临。是谁赞助了哥伦布的航行？"

2. 第二种方法则是在提问前就做好准备。比如提醒学习者之前学习过的内容，并在提问前以视听材料的方式提供他们所需要的历史背景故事、参考资料或知识本身。简述乔治·华盛顿砍樱桃树的故事，或者在地图上标出克里斯托弗·哥伦布的出发地，都能帮所有学习者更好地记忆与学习。对于线上学习和以前利用技术手段的学习（35年前）来说，有着一套"超"学习理念，用户只要点击某个彩色单词，就能获得定义或解释。如今，我们可以通过相同的方式给学习者提供各种各样的网站和视频。在提问之前，让学习者通过一节迷你课来学习一下英语，就能帮他们在已经掌握的知识基础上逐步学习。

就像所有问题一样，脚手架问题也是一系列从低层级开始，然后过渡到更高层级的问题。比如，不该在学生彼此互相问"澳大利亚位于赤道以南，那这个国家的四季和跟美国一样还是相反"之前，就先互相问"你七月份在澳大利亚会穿什么衣服"。学习者也不该问太多不同的问题。以不同的方式重复问题是搭建脚手架的另一种方式，因为他们以前见过这个问题，当问题重复时，他们自然会识别出由不同形式呈现的同一问题。还有一种帮助构建脚手架问题的方法则蕴含在回答问题的过程中。如果学习者答错了，那他们可以把问题放进一个"再试一次"的集合中，或者像闯关电视节目《谁想成为百万富翁》（*Who Wants to Be a Millionaire*）中一样，选择一个"千钧一发"问题。

小结

1. 在教学中利用脚手架是确保学习者能成功回答问题的一种方法。它包括充分考虑学习者及其学习需求，并在准备野猪式问题时做出及时调整。

2. 构建脚手架问题的方法有两种。第一种是在问题本身中纳入尚未知晓或已经遗忘的信息。第二种是在提问之前先上一节小课。这两种方式中，教师都是启发动力的来源，学习者也会因此获得足够多的信息去有效地回答问题。

BETTER
Questioning for Better Learning

第 10 章

知识和理解类问题：
怎样通过提问帮助学习者做好学习上的准备

在与脚手架问题相关的内容中，我们探讨了脚手架循序渐进的特点。第一个脚手架问题基于知识本身，而后便是对知识的理解。没什么能比知识和理解更重要。倘若没有这两样东西，我们将无法在学习上更进一步。通用核心体系将知识定义为"基础知识"。许多学习场景的可悲之处就在于，它们始终没有超越知识和理解的范畴，进入应用以及其他前文提到过的类别之中（见第 3、6 章）。

对知识的获取和理解（包括识别）以行为心理学和分类记忆系统作为坚实基础："刺激 – 反馈 – 重复 – 关联"的一系列过程。在知识和理解方面，记忆（学习）就是通过把一个概念与单词、符号或其他概念反复关联进而获得的。正如第 8 章所述，可理解的输入信息便是学习（记忆）的关键。大多数跟知识和理解有关的学习都意味着词汇的发展，甚至答题能理解成学一门外语。此外，正如第 8 章所述，我们不能假设所有学习者都能以同样的方式理解我们的"学术语言"，因此我们必须采取措施去训练学习者的词汇。比如说，使用"火车"这个词，就是因为这个词汇和其代表的概念跟视觉信息可以保持一致——你一看见，就知道是什么意思。

分类记忆问题

为了让词汇得以发展，或者说让知识和理解水平得以发展，可以使用第 3 章讨论过的分类记忆系统，它依靠"重复"来让信息存储在学习者的大脑中。只讲一次不够，告诉你的学习者"要记住"也不够。教师必须通过有效提问（使用"三次法则"），给学习者提供多次机会，用于回忆目标信息。这些问题应该列入科斯塔提问分级中的第 1 级。"什么是……？""……是谁？""……发生于什么时候？""有多少……？"这些均是第 1 级问题的示例。这些问题都具有封闭性、趋同性，也意味着答案只有一个。

闪卡问题

让所有学习者都能参与进来，并将短期记忆转化为长期记忆的一个好方法是使用闪卡，这些卡片一边是术语，另一边是定义。例如，一面是提问"减数分裂是什么意思"，另一面应该是对应的答案"它意味着细胞分裂成两部分，各含一半 DNA"。闪卡法还可以在线使用，也能在两人小组、多人小组中使用，甚至还可以让整个小组同时一起用。不用具体的闪卡也可以，列出问题与答案的详细清单就够用。通常来说，用某个视觉图像或手势（如第 8 章所讨论的非语言表征）搭配单词出现，就能确保所有学习者，特别是语言学习者正确理解。

我当西班牙语老师的时候，教学中有大量的词汇需要学生掌握。为了能让所有学习者都参与进来，帮大家进入"识别"阶段，我专门制作了闪卡，让我的学生排成两行，分成 A 组和 B 组，面对面站好。A 组拿卡，B 组翻卡。A 组的学生都是西班牙语的行家，他们能帮 B 组的同伴掌握卡片上的单词或短语。B 组有 15 秒时间来掌握这个单词，然后他们向左移动一个身位，面对下一张闪卡。只要 B 组学生看了三轮单词，两排学生就要交换角色，轮到 A 组学三轮。通过这种方式，所有学生都能在五分钟内快速完成三轮学习，并掌握闪卡上的内容。由于我的西班牙语课强调对话，所以我还让学生们用同样的方法用西班牙语对话。还有一个活动，是让学习者提出低层级的问题，先让一半学习者预先打印好问题，而另一半学习者预先打印好答案，至于任务，则是不断提问，直到找到拿着答案的人。而这个人就是你下一轮提问时的搭档。

学习者并不太知道该如何进行记忆，也很少有老师花时间教他们具体怎么记东西。闪卡问题上也有类似情况。我要指出，在与搭档和小组成员使用闪卡法时，速度至关重要。因为大脑在以光速运转（见第 2 章），所以放慢速度就等同于浪费时间。告诉学习者，在快速浏览闪卡时，如果不能立即想出答案，那就看看答案，然后将卡片放在"待复习"的卡堆中。不断重复此过程，直到"待复习"没卡片为止。为了有效利用这一过程，教师可能需要在小组中利用爆米花式提问，直到学习者能够独立完成为止，对于年幼学习者尤其如此。

三次法则

我们不该指望学习者在一次重复之后就能彻底做好，不管学什么都一样。这就是为什么我会使用三次法则，并要求在他们开始学习或记忆之前，至少要做三次（详见第 11 章）。他们需要知道，仅做一次并不能建立肌肉记忆、回忆通路或思维习惯。对我来说，三次法则也是救星，因为它把学习的负担从我肩膀上移走了，并把它放在了学习者的肩膀上。如果碰见了学习者抱怨"我不懂！"我也能够回应："至少学几次才能懂呢？""嗯嗯，最少三次。"我没必要逼着学生做什么——好吧，我承认，我也确实逼过——但大多数人都能明白，"练习"意味着至少要做三次。

三次法则对教师也同样适用。闪卡法就是三次法则的迭代产物，能帮助学习者获取知识并理解知识。另一种迭代产物可以是让学习者使用已经获得的知识创建一个纸质或在线常见问题集。最后一种迭代则可以是学习者针对问题和学到的概念创建一张思维导图或锚形图表。一旦完成这些工作,他们就能将所学知识应用于更高层次的学习了。

小结

1. 针对知识和理解的问题是更高阶层学习的基础。帮助学习者记住这些信息的唯一方法是通过不断重复和利用分类记忆系统。
2. 在快速而轻松地吸引所有学习者方面,闪卡学习卓有成效,也很有趣。
3. "三次法则"指出,为了学会某件事,必须至少重复三次。

第二部分 总结

一堂好课往往始于一个好教案。同样的道理也适用于提出问题。有效的问题需要你在备课的时候就深思熟虑和用心设计,将问题转化为一系列野猪式问题。在这一部分,我们将探讨为各个级别的学习者准备问题的各个方面的内容。通过预先规划,将学习者的不同需求纳入其中,你的提问技巧就能起到很好的效果,进而让学习者的学习水平不断提高。

本部分内容有问题推动、问题层级、脚手架问题、所有学习者的参与度、不断重复和深入挖掘等。请花几分钟时间精心制订自己的学习计划,以提高这些方面的技能水平吧。别忘了寻找你可能想纳入计划的其他学习资源。

表2　　　　　　　　　第二部分　职业成长规划

职业成长活动	所需资源	到期日
1. 野猪式问题		
2. 给每个大脑的问题		
3. 编写问题方面,有什么高效的方法		
4. 如何设计脚手架问题		
5. 知识和理解类问题		

第三部分

BETTER
Questioning for Better Learning

学习

多年以来，具体怎么"教"一直都是职业发展领域和培训领域的重点，以至于许多人已经忽视了"教"的真正意义其实是"学"。如果教师的所作所为实际上并不能促进学习，那么就是在浪费自己的时间以及学习者的时间。为了成功激励学习者学习，所有类型的教育者对个人如何学习才算最好得有明确的看法，进而完成对教学的具体调整，以匹配这些看法。然而不幸的是，教育者之间存在着巨大的差距。教授、讲师、辅导员、培训师和各种"老师"，对于学习这件事总是各有一套思路，在自己的职业领域中促进学习者学习的方式也多有不同。在提问这件事上，尤其如此。

在这一部分，你需要花些时间统一调整教育理念和教学行为，以便提出的问题可以更有效地激励学习者学习。

BETTER
TER
Questioning
for Better
Learning

第 11 章

重复技术在提问中的作用：
如何通过提问来帮学习者更好地记忆

我最喜欢的童年故事之一是著名的丹尼凯（Danny Kaye）讲的。我当时有一张黑胶唱片（这下暴露年龄了），里面是他讲的故事。因为我听得太多，唱片都磨坏了。那个故事名叫《树的名字》（*The Tale of the Name of The Tree*），讲的是一群动物碰上了麻烦。跟大多数动物故事一样，这里的动物都会说话。它们谁也记不起来那棵为全村提供食物的魔法树究竟叫什么名字，于是决定派跑得最快的动物上山去找智者问名字，可它在下山的路上又把名字给忘了。它们又分别派出了最机灵、最聪明、最强壮的动物，全都碰上了同样的情况，直到它们决定派乌龟来完成这个任务。为了战胜其他所有动物都碰到过的挑战，乌龟一路都在念叨树的名字，通过不断地重复，它最终挽救了整个村庄。整个故事里，这棵树的名字被重复了九次。我听这个故事的时候还是个孩子，但直至今日我还记得那棵树究竟叫什么。要是某件事能被放进令人愉快的上下文语境中，再被重复多次，就能在脑海中根深蒂固。

我们的记忆系统非常适合学习各种事物：事实、数字、日期、姓名、词汇、符号、清单、程序和其他各种各样的东西。在 K12 公共教育体系之外，这种记忆系统被广泛使用。这通常被称为"死记硬背"记忆系统。它还有个名字，那就是"塔克森记忆系统"。这一系统利用我们大脑生成树突接触或电化学通路的能力，对持续、重复尝试回忆信息的反应，同时也构成了记忆。这是一种生理反应，大脑实际上也因此变得更为致密，有了更多的神经树突。要让塔克森记忆系统运转起来，只需不断重复信息，直到记住即可，就比如那棵树的名字。然而不幸的是，有的教育工作者偏偏滥用了这一点，他们没能让重复变得愉快、有趣和生动，而是通过任务表单、反反复复的练习程序以及枯燥的背诵使之沦为一种苦差。所以说，虽然学习者拥有这种强大的学习工具，但靠"死记硬背"去学习依然成为一种教育的诅咒。雪上加霜的是，教育还偏偏非常依赖通过塔克森记忆系统去学习，即依赖针对事实信息进行初阶提问——鲜少能进入区块化学习的范围。

如何通过提问来使塔克森学习法变得更愉快

恰如《树的名字》这个故事所证明的，重复也可以有趣且愉快。提问是强化学习的重要工具，教师完全可以借助这一工具以更有趣的方式来利用塔克森学习法的力量。比如"我说你做"这样的小游戏会通过简单明快地提出让学习者回忆信息的问题，让他们了解和掌握知识。相对于被教师连哄带骗地逼着学习，或者在游戏中被选中带领学习小组，学习者更喜欢这种游戏，甚至还会自愿调高难度。"我说你做"虽然没有直接提出严格意义上的问题，但其功能类似于提出"……在哪"与"……是什么"这类问题。

"我说，碰碰颅骨！"

"我说，碰碰腓骨！"

"我说，碰碰锁骨！"

"我说，碰碰身体上含软骨的部位！"

"我说，碰碰左跟腱！"

"我说，用左手食指碰碰威尔尼克区所在的位置！"

"我说，用右手小指点一点网状结构的位置。"

"我说，不要抬起左边的膝盖骨！"

第 11 章　重复技术在提问中的作用：如何通过提问来帮学习者更好地记忆

"我说，用手臂做出一个直角三角形！"

"我说，指指墙上的词，哪个词的意思指的是有个人资质的统治权。"

"我说，指指墙上的词，哪个词的意思指的是管理自己的至高权力。"

"我说，指出这位哲学家，他说过'承担什么并不重要，重要的是如何承担。'"

"我说，站在'内质网'的图片下面！"

"我说，指出葛底斯堡战役中作战双方的名字！"

一旦你成了这个简单游戏的专家，那除了指一指，碰一碰，摸一摸之外，还可以添加很多命令，比如告知、提问、回答、用脚趾画画、在空中写字、怎么坐、怎么站、示范、跟随、表演、背诵、跳舞；也可以添加位置词汇，比如之上、之下、贴着、相邻、后边、挨着、斜着、相切、对角、对称；甚至还可以添加副词，比如懒洋洋、轻快、悲痛、沉重、迅速。还有许多其他有趣的游戏能帮学习者回答问题，并将短期记忆转化为长期记忆。但关键是，它们也是学习的一部分，而不仅仅是在没有其他事情可做的特殊场合不得不玩的复习游戏，而且游戏也不需要完全占用学习时间。

在过程中提问

在准备问题时，请时刻牢记重复的力量。你不必重复提问同一个问题九次，但你可以在不同的时间用多种方式重新表述同一个问题。第二部分提到的"三次法则"说明：别指望学习者中只通过回答一次问题就能记住任何东西。只有在至少重复提问三次的情况下，你才能期望他们记住这个主题的内容。这跟塔克森记忆与识记学习直接相关。运用三次法则的最佳方法，就是针对你希望学习者记住（学习）的概念，从易到难地提出一系列问题。比如：

第一级："亚历山大大帝生活在什么时代？什么地方？"

第一级："亚历山大大帝征服了哪些国家？"

第二级："亚历山大大帝的成就有什么独特之处？"

第二级："亚历山大大帝解开戈尔迪绳结时，他表现出了什么特质？"

第三级："还有哪些历史人物能与亚历山大大帝相媲美？"

第三级："亚历山大大帝在32岁时英年早逝。如果他在年老时才死去，可能会有怎样的成就呢？"

如第17章所述，利用"重复"的绝妙工具之一，就是把提问当作交流知识的入场券或退场券。学习的"海绵期"，也就是"好好准备"期，是针对需要记忆和学习的内容安排重复提问的完美时间段。相应地，就算学习者答错了某个问题，也可以通过重复提问再给他一个能答对的机会，这也可以让学习者对知识的掌握更加牢固。其实并不一定要靠测验和考试倒逼学习者掌握知识，只要学习者有多个能够提高掌握水平的机会，同样能经历"形成性评估"（见第17章）。"形成性"一词意味着学习者本身就处于成长之中。学习者能在形成性评估中获得成长的唯一途径就是了解自己的错误，并获得机会再次参加评估。正式答对之前的尝试同样也是形成性评估。

小结

1. 重复会影响塔克森记忆、对知识和理解的掌握。通过重复，短期记忆能够转化为长期记忆。

2. 重复并不一定都如成语"死记硬背"暗示的那样枯燥乏味。重复可以很愉快，甚至很有挑战性，通过一个简单的游戏，比如"我说你做"就能做到。

3. 重复提问不一定要把问题逐字逐句地拿出来重新问。针对相同的主题，可以根据难度和复杂性来对问题进行分层提问。

BETTER
Questioning for Better Learning

第 12 章

避免僵尸问题：该如何规避问出无效问题

进入 21 世纪，教育已经不再像之前一样强制学习者以某种方式学习了，如在 20 世纪 60 年代，人们还强调"刺激与反应"的行为主义，到了充分发展的 20 世纪 80 年代，则转为强调以学习者为中心了。在推行标准化测试理念的当今时代，我们已经完全认识到，对于特定类型的学习活动来说，直接教学和探究都有作用，但不幸的是我们很多时候还是不得不向效率妥协。这样一来，我们似乎又重回到了 20 世纪 60 年代风行的行为主义和"掌控学习"的理念了。有趣的是，僵尸电影《活死人之夜》(*Night of the Living Dead*)就是在那个时代流行起来的。也许那个时代也是教学中经常出现"僵尸问题"所诞生的岁月吧。当然，"僵尸问题"的解药是"野猪式问题"，后者既能帮助指导教学，又能推动以学习者为导向的学习过程。

究竟什么是僵尸问题

僵尸问题就是由老师提出的，就算僵尸都能答对的问题。因为学习者不是僵尸，所以也就没人回答这些问题。僵尸问题比那些对答案不抱期待的反问式问题更糟糕，事实上，这些问题其实也不需要答案。僵尸问题就是一些太简单、太明显、太愚蠢、太多余、太不相干、太夸张或者根本无法回答的问题，只有脑死亡的僵尸才会尝试去回答。僵尸问题和野猪式问题的比较，可以参考表 12–1。如教师向全班提问时，如果没有事先考虑为什么要提问，提问的对象是谁，题目本身的诉求是什么，我们就会看见僵尸问题出现，仿佛僵尸从墓穴里爬出来一样。

表 12-1　　　　　　　　　　僵尸问题及其更正表

永远不该问的僵尸问题	
常用的僵尸问题	提问意义和如何优化提问方式
明白了吗	这意味着"你们要是什么都不说，那我就继续讲了"，应该改为"向你的同桌讲讲你理解了哪些内容"
还有问题吗	这意味着"我讲完了"。我会改为"给大家 30 秒的时间把问题写在便利贴上，然后再贴到墙上的专门区域里"
有谁知道答案	这意味着"我估计没人知道答案"。应该改为"要是你知道答案，可以直接站起来回答"
谁能告诉我	同上，应该改为"跟同桌说说你对该问题的解答"
准备好了吗	敷衍。应该改为"30 秒后我们要继续学习了，再最后整理一下你的思路吧"
能安静点吗	敷衍。应该改为"请安静，10、9、8、7……谢谢"
听得见吗	如果听不见，学生也无法回答这问题。应该改为"如果能听见我的声音，就举起手"
我能帮你吗	敷衍。应该改为"我可以做些什么来帮到你"
你的问题是什么	敷衍。应该改为"能告诉我你在担心什么吗"
可以请你注意吗	敷衍。同上

学习者并非一张白纸

作为教师，我们需要接受这个事实：我们并非无所不知，无所不晓；我们还需要接受一个必然的假设：学习者并非一张白纸（对不住了，约翰·洛克，他们真不是白纸），他们实际上必然拥有某些知识和技能。如果教育者并非全知全能，那也没理由假设学习者彻底无知，所以理所当然的，学习者会回答出教育者并不知道的东西！内心有点慌，不过这也是件振奋人心的好事，因为学习者能问问题，其实也说明了他们做好了学习的准备。顺便一提，教学相长也很棒。无论如何，学习者能够回答和提出问题至关重要，因为这有助于学习者和教师双方的学习。

所有这一切的前提是教师已经设计出有效的问题，并且值得作答。再次强调，教师必须事先准备好"野猪式问题"。研究表明，倘若没有提前准备好，教师通常会问一些低层次的、基于事实的问题，并且一直在提问上无法深入到涉及分析水平和其他更高难度水平的程度，也无法触及更复杂的概念。恰恰是这类问题很容易变成没人愿意回答的僵尸问题。

为什么学习者不回答僵尸问题

我们都经历过这样的学习情景：出于种种原因，被问到一些没人愿意回答的问题。这类问题可能只有某种修辞上的目的，好像根本就不需要回答，比如"都懂了吗/还有要问的吗"；可能是过于简单的问题，以至于唯一的合理答案就是"喊"；也可能是人人都知道答案的问题，只是没人想这时候出头炫耀罢了；甚至还可能是太过迂腐的问题，以至于学习者觉得回答浪费时间；或者这个问题在天平的另一端，可能太过错综复杂，唯一合适的答案就是："啥？"僵尸问题就是无法从任何人那里得到恰当回答的问题。通常，如果教师不称职或对教学准备不充分，那么在向全体提问时经常会出现僵尸问题（见表12-1中的示例）。

我以助理督学身份观摩某节历史课时目睹过一连串僵尸问题。当我跟校长走进教室，看到一位老师坐在电脑前忙着工作，而学生们正在三三两两聊着什么，应该是在讨论教材某章结尾的问题。我们可能把老师吓了一跳，他立刻站起来，开始向学生们提出十分精彩而又发人深省的问题。学生们猝不及防，尽力回答着问题，可惜回答得一塌糊涂。老师试图通过提出引导性问题来提供帮助，以让他们正确作答。无奈之下，老师最终只能把答案告诉学生，然后继续问僵尸问题，结果可想而知：这种情况下，学生并不习惯回答高层次的问题，因此也无法掌握对应的技能或知识。

小结

1. 僵尸问题出于多种原因而无法得到恰当回答，不过大多数是由于教师规划不周或准备不充分导致的。
2. 如果学习者并没有准备好回答问题，那即使问题是个好问题，也可能沦为僵尸问题。

第13章

提问的误区：如何通过提问吸引所有学习者

第一个误区就是我们总以为自己可以在教学中提出有效的问题。惨痛的事实却是这不仅不可能，而且试图这么做会削弱我们在激励所有学习者去学习时的表现；问题水平偏低，无法调动所有学习者，可能只对寥寥无几的学习者有影响力。与此同时，这也带来了非常大的危险，使我们接近"脱轨"——没有提问规划，就有可能在提问上脱轨，失去教学的重心。"野猪式问题"在教学前就有意规划提出了，其目的就是让教学效果最大。在我们监控着学习者的行为，试图吸引所有学习者，并保持学习势头的同时，还要提出更高水平的问题让学习者思考，这极其困难。研究表明，教师在课堂上提出的大部分问题（在智力层面上称为直觉提问）都是纯粹基于知识的问题（上一章提到的"僵尸问题"）。这就是为什么教师在授课前应该花时间精心设计优秀的"野猪式问题"。

另一个误区则是教师在向个别学习者提问或指导课堂讨论时，整个学习者群体其实也在学习。这完全是谬论！研究表明，向全体提问的效果最差。我们会在本章中详细讨论，如何利用提问来吸引更多人参与学习。

与之相对应的误解是：教师们普遍认为，要是我没有提问，那我就不是在教学。就在几年前，教条而刻板的教师往往在教室前一站，时而指着黑板，提供重要内容让学习者好好记住，时而提出问题，以确保学习者掌握了重要内容。直到今天,教条刻板的教师其实还在做着几乎完全相同的事情,只不过换成了拿着遥控笔徘徊在教室里切换 PPT,或者用虚拟鼠标控制屏幕而已。无论是以上哪种情况,所有工作都是由教师一手完成的。学习者端坐在座位上,应该是保持着高度警觉和完全专注的……可惜他们只能被动参与学习(比如主动回答问题、记笔记),其实大多数学习者只是听听而已,而真正听课的人(有学术倾向的学习者),大多数也只用了一半的注意力。

向全体提问的误区

如果我们随机观察一间教室,会发现学习者用不了一个星期就能看出谁聪慧,谁资质平平,谁对学习满不在乎。更何况在大多情况下,学习者已经互相认识多年了。更能说明问题的是,研究表明在四年级之后,学习者就知道别人是如何看待他们的,进而相应地扮演起自己的角色。从学习者的角度看课堂上提出的问题,我们就能明白为什么野猪式问题之外的问题并不如我们所希望的那样有效。在第 6 章谈及设计野猪式问题时,提到在提问时必须考虑受众。如果我们知道学习者的行为依托于他们对自己的看法,那我们就不应该忽视这些看法,而应该针对特定的学习者去设计问题。很多时候,教师向全班学生提问时,会本着自主自愿的精神等想回答问题的学生主动举手。下面看看一个面向全体提问的例子,表面上是为了让一群典型的学习者有所思考:

同学们,如果你要把线从这里拉到月球,那需要多少个线团才够?

听到这个问题后,知道自己不算"聪明人"的那些学习者是不会上钩的;那些压根不关心月亮或线团的学习者也不会。除非另有动机,这两组学习者都会静静坐着,等着看会发生什么。这使得那些"认为自己聪明"或"真正聪明"的学习者成为唯一可能对答案感兴趣的人。

可能有些真正聪明的学习者以前在这方面吃过亏，所以他们也不会回答这个问题。比如他们之前可能遭遇过其他学习者的嘲笑，说他们显摆自己"聪明"，也可能被某些老师滥用过他们的才智，指使他们去教别人，或者不断让他们跟学习问题最多的学习者结对子。这对于某些"聪明"的学习者来说，聪明反而成了一种负担：意味着要付出更多，享受更少；同时他们也永远没法跟自己的朋友组队搭档。军队中也有类似的情况，更糟的是，学校的教师会议中也有类似的情况，聪明人很快就学会了不能太主动。

继续讨论这个例子——几乎在问题完全陈述完之前，就会有一两个热切的学习者举起手，不管对错，都准备好提供一个答案。而其他学习者也乐得接受这样的惯例。最有可能发生的是，他们在心里想："他们比我强！让聪明孩子回答问题吧，这样我就不用回答了。"对于教师来说，通常很难抗拒冲在前排挥舞着手的学习者。所以要是没有其他人主动回答，教师通常也会心软就范。

教师还可能这样为整体提问的做法辩护：总是回答问题、动机强烈的学习者能帮助集体去学习正确的答案。倘若全班同学都在认真听讲，那这种想法可能的确有些道理！但在现实中，这种想法实在是天真，这种提问方式反而严重误导了学习者的思维。只要教师开始在教室里踱步，还用手揉搓着下巴，学习者就知道要提问了。于是教师开始提问。如果学习者从过去的经验里已经总结出问题是向全班提的，那很可能全班三分之二的人甚至都不会留意这些问题，而是继续信手涂鸦或者做白日梦，因为他们知道肯定有人会试着回答这些问题。不管问题的结构有多好，它们跟学习者有多强的关联性，或者它们有多吸引人，都没有区别。只要是针对全体学习者提问，相当一部分学习者就会置若罔闻。

对严格的误解

还有一个误解，就是我们经常误以为"不惜一切保持严格"可以接受。这也意味着我们会认为逼着学习者用任何可能的方式思考都可行，包括连哄带骗、利用情绪化的话题以及刻意地制造混乱（例如"魔鬼代言人"）。这样的做法实际对学习者的学习弊大于利。因为真正的事实实在太明显：故意误导或通过提问玩弄学习者的理解力，把学习者训练到过度分析与曲解事实的地步。埃里克森基于概念的课程观本身就涉及思维的复杂性，根据这一观点，针对不同类型的知识，依托于从事实到主题、从主题到概念，然后进一步到原理和概括，可以安排各种不同难度的问题，直到获得理论知识。此外，通过多步骤或多个层面提问来增加问题的复杂度，并将其与学习者当前所有的概念理解联系起来，进一步增加问题的严谨程度。困难且复杂的严谨的问题应该以帮助学习者综合掌握知识作为要旨，而不是让学习者时时猜测该注意哪些吹毛求疵的细节。知识诚然重要，正确理解知识也同样重要，但舍本逐末的话，则容易让学习者迷失在细节之中，进而永远无法拥有对知识的整体理解。

启动响应评估：如何避免掉进"一问一答"的陷阱

前文指出，每个学习者都理应去回答优质的好问题。问题是大多数学习者缺少这样的机遇。为了能说明这一点，我想分享一段有趣的经历。我曾经在某个小型学区担任副督学，拥有不小的权限。我当时对这里的学生持有怎样的观点、态度很感兴趣，同时也意识到不能指望用五分钟就能填完的调查表来真正满足这份好奇。为此，我专门花了一周时间跟踪调查这个学区的学生：像他们本人一样，去上他们需要学的各种课。我观察到了不少非常有趣的现象，其中之一是我发现有的学生在整整一天的课程中，从这个课程的教室走到下一个课程的教室，都不会回答或问出哪怕一个问题。老师们并不了解这一点，因为他们其实也不知道之前的课上发生了些什么，也看不到这些学生在其他课堂上的表现。顺便一提，这些学生简直是在雷达监控范围中也能隐蔽自己、自由行动的"专家"。他们不制造噪音，不引起骚动，也不扰乱课堂纪律，所以从不引人注意（如今回想起来，我好像也曾经是这样的学生），而且这样的情况并不孤立存在于某一个年级；只要稍加留意，就能在每个年级中找到这样的学生。只要能有效地提问，就可以在一瞬间解决这一难题。

有些简单方法能让这些沉默的学习者在雷达图上保持出现，第一步就是要认识到，这种情况其实比我们愿意承认的要多；第二步则是致力于让每一位学习者都参与到野猪式问题中。下面展示了两位老师在七年级课上讲解光合作用，让我们看看他们讲课的方式有何不同，以及他们怎样利用问题来吸引每个学习者投入。

X 老师的光合作用课

七年级的学生鱼贯进入教室，坐在座位上。X 老师站在教室前面欢迎大家。之后，X 老师引导大家完成了"海绵活动"，这样在他点名与检查作业的时候，大家也不会闲着。接下来，X 老师介绍白板上写的今天的三个学习目标。目标被以书面形式呈现出来："要求学生理解，太阳的辐射能通过光合作用转化为化学能。"

X 老师直奔今天的教学主题——植物的能量循环［TEKS 7（b）5A］。他首先向全班提问与植物能量循环有关的问题。他的想法是从简单的问题开始，促进学生思考：动物靠吃东西来获得能量，那植物吃的是什么？植物是如何获得能量的？之后根据答案，他会继续提出难度更高的问题：所有的植物都有怎样的共性？为什么植物是绿色的？植物是绿色的和植物的能量有怎样的关系？植物如何获得养分？然后他会给学生看植物、植物的叶子、植物的细胞和叶绿体的图片。最后，他会要求学生通过识别植物中与光合作用有关的部分，以及这些部分如何通过一系列加工产生了 ATP，以展示他们所知道的知识。

X 老师问出了他的第一个问题："动物通过吃植物来获得能量；那植物吃的是什么呢？"

有几个学生举起了手。不过绝大多数学生只是呆呆地看着他。X

老师示意一个坐在前排、疯狂挥手的男孩回答问题。"查尔斯，你好像知道答案。"

"它们吃的是土！"

"嗯，这答案并不完全正确。还有人对植物吃什么有其他看法吗？"

"植物吃人！"有个男孩害羞地回答，"我在电影里见过！"

平息全班哄堂大笑后，X老师继续说："的确有食肉植物，但并没有大到能吃人。"

一个学生猜测："那如果人死了被埋在地下，植物又长在地上，这不也是吃人吗？"这让X老师特别后悔自己之前拿动物吃东西和植物吃东西来做类比了。

"对，你说的没错。但谁能告诉我，植物是如何获得能量的呢？"

"没有别人了吗？乔伊知道吗？你怎么想？"

"我不知道，先生。"

"那萨丽呢？植物是从哪里得到食物的？"

"哦，我懂了！它们是从肥料里得到食物的！这就是为什么我们拿肥料给植物当饲料！"

"嗯，的确，我们确实给植物买肥料，而且有时也称之为'植物饲料'。"X老师开始尝试另一种策略，"但是……你们谁家里种了植物？"

有几个人试探性地举起了手。

"好的，你们出门度假时，家里的植物会怎么样？"

"它们干枯了，这是答案对不对？植物的食物是水！"

"不是，植物的食物不是水。好吧，我直说了吧。植物是从阳光中获取食物的。"X老师无奈地告诉学生们。

有几个学生奇怪地看着他。其中一个举起手来:"太阳和植物吃什么有啥关系?"

"因为植物是绿色的,而它可以利用一种称为光合作用的过程来将太阳光里的能量转化为糖分!想知道这个过程是怎么发生的吗?"

"是植物吃阳光的过程吗?"

"别提吃了,现在我给大家发课堂任务表。"

这节光合作用课的学生视角

乔乖乖地坐下来,等着老师告诉他该做什么。乔看到了白板上的教学目标,但也没有多加注意。因为老师用自己的口吻和视角写下了这段话,所以这话对乔来说没多大意义。不过老师显然对某件事特别兴奋。好了,看起来,他要问问题了。不要有眼神接触,这样他就不会点你提问。

很好,他让查尔斯回答了,查尔斯特爱举手回答问题。植物吃的食物?好奇怪啊,他接下来打的什么主意?我现在是真的不想回答问题。

完了!我想说的答案被查尔斯说了。不赖,他说错了。

又有人说错了。老师为什么不直接告诉我们他究竟想让我们知道什么呢?

啊,不好了,我跟他对视了。他要提问我了。"我不知道,先生。"老师一问我问题,我就很紧张。有时候一起来回答问题,我的脑子就会一片空白。就算我知道答案,我也啥都说不出来。

但现在我真的不知道老师究竟想要什么了。他实在让人摸不着头脑。他前后说的都不挨着。植物要吃食物,但植物在房子里又不吃食物?

可算结束了!他放弃了。看看他浪费了多少时间。他应该一开始就把课堂任务表给我们。

Y 老师的光合作用课

Y 老师:"植物吃什么?"

有几个学生举起了手,不过绝大多数学生都只是呆呆地看着他。Y 老师让一个坐在前排、疯狂挥手的男生回答问题。"查尔斯,你好像知道答案。"

"它们吃的是土!"

"嗯,这答案并不完全正确。但如果植物真的要吃东西的话,我们怎么才能知道它们究竟吃的是什么呢?"

"我们可以做个实验。"有个女孩猜测道。

"好主意啊!让我们都到户外去做个实验吧。但首先我得让你们为实验做好准备。你们都要假装成植物。你们的脸蛋就是植物的叶子。放心吧,我们不会把脸涂成绿色,但必须要想象它们之中充满了叶绿体——这是一种在植物细胞里的细胞器,就是它让叶子呈现出了绿色。接下来带上你的野外笔记本和一支铅笔。准备好了吗?好了,咱们出发吧!"

Y 老师给出指示:"请大家坐在草地上。闭上眼睛。记住,你们的脸就是植物的叶子。你们脸上现在有什么感觉?一起大声说出来!"

"有风。"

"挺冷。"

"是啊,的确有轻风拂过。还有别的感觉吗?"一时间,学生们都没了反应。

"好的,接下来就是做实验的环节了。把你的野外笔记本举过头顶,遮住脸。现在有什么感觉?"

所有的学生都回答说:"感觉冷了一些。"

"现在大家都告诉旁边的人——为什么会觉得更冷。"

大家达成了普遍的共识："因为笔记本挡住了太阳。"

Y老师继续指出，他需要纠正大家的一些想法："如果笔记本挡住了太阳本身，那它肯定要烧起来。所以大家说，笔记本挡住的到底是什么？"

"啊！是太阳发出的光。"

"现在，把笔记本先放下。问问你的同伴，'你现在感觉到了什么？'"

学生们基本都同意："感觉到了来自太阳的热量。"

"跟你的同伴描述一下，热量是什么。"

Y老师继续让学生们做出判断，"如果你认为热量是一种能量的话，就把你的笔记本举起来。"

所有人都举起了笔记本。

"如果你认为尘土是一种能量的话，也把你的笔记本举起来。"

这回没人举了。

"现在转向你旁边的同学，用30秒讨论动物如何获得它们生存所需的能量。"

学生们异口同声地回答："它们吃别的生物。"

"特别好！你们都还记得食物链循环的知识。如果吃东西是动物获取能量的方式，那植物又是如何获取能量的呢？"

"靠太阳。"

Y老师觉得他需要让学生们说得更精确些，"记住了，太阳会把它们烧掉的。植物是如何从太阳中获取能量的呢？"

"它们吸收了太阳光。"

"那回到开始的问题。全班同学回答我，植物吃什么？"　　所有的学生都齐声回答："它们吃太阳光。"

"那植物是张嘴吃太阳光吗？"

"不是，它们吸收太阳光！"

"好，再说一遍，植物吃什么？"

大家异口同声地回答："它们不吃东西。它们吸收太阳光。""这就对了。花一分钟时间在你的笔记本上写下来，我们是怎样了解到植物从太阳光中获取能量的。我们回到教室以后，就要继续学习植物叶子中的叶绿体是如何利用 ATP 将太阳发出的光能转化为植物的食物的。"

光合作用的课程分析

X 老师和 Y 老师其实都问出了非常好的问题。那究竟是什么造成了二者间的差异呢？有一个最主要的原因，就是教师如何使用问题。X 老师的计划其实很不错，但忽略了要设身处地地站在学习者的角度去想一想，并没有思考学习者会如何回答他的问题。结果这堂课就失去了动力，而且就像我在类似情况下所做的那样，老师最终也放弃了最重要的事情，转向更容易的事情。而 Y 老师以同样的问题作为发端，却把它引领到完全不同的方向。Y 老师将这些问题与有效的小组交流策略和集体交流策略结合起来，还改变了教学环境，以帮助学生学习。X 老师依靠的是"一次一个学生"的轮流讨论，而 Y 老师则在帮助学生们互相提问。最重要的是，Y 老师利用了问题来引导学生们进行思考。

小结

1. 学习者应该被问及优质的好问题。

2. 典型的面向集体的问题实际上只是教师和某个愿意学习的学生之间的对话而已。

3. 所谓严格并不意味着要指导学习者如何回答棘手复杂的、充满误导性的问题。它意味着编制能使学习者深入思考，进而能够回答的好问题。这些问题的目的是调用高阶思维、概念知识和呈现复杂性。

4. 有些学习者能在一天所有的课上都成功躲开各种问题。

5. X 老师的情况说明，一次只让一个学习者参与的交流非常低效，会让其他学习者处于等待状态。此外，从 X 老师的角度来看，他有一个扎实有效的"教学"计划，但他依然是一个想把信息灌输给学习者的老师。而 Y 老师随时都在强调全员参与，并且证明了主动提问才能带来主动学习。Y 老师使学习者意识到学习的趣味。两位老师课堂的不同，是学习者有没有去回答自己提出的问题。

6. 在安排回答一系列问题之前，首先要考虑学习者会如何回答这些问题。

等待时间谬误：怎样才能不在等学习者回答问题时浪费时间

等待时间

教师究竟该如何以正确的方式提问呢？其中有个"拐杖策略"是由玛丽·巴德·罗（Mary Budd Rowe）在 20 世纪 80 年代提出的，通常被称为"等待时间"。我之所以将其称为"拐杖策略"，是因为它试图优化最糟糕的课堂教学活动——"向集体提问"。虽然你可能已经厌倦了我所虚构的各种场景，但我还是打算冒冒风险——提前请你原谅，我会重复提及一些常见的教学主题。

假设新手教师乔老师注意到，每次面向集体提问都会出问题，于是他决心改变现状——向特定学生提问。因此，为了执行新的提问策略,他挑了特定的学生来回答。

"杰弗里。红色彩笔跟横折弯钩之间,有什么区别?"班里前排的几个学生一开始都没意识到这个问题是要问杰弗里,甚至还举了下手。所有人都盯着杰弗里,好吧,其实也不一定是所有人。其他学生松了口气,因为没有叫到自己的名字。这样,这个问题不是他们的问题,答案自然也不是他们的答案。(新手教师乔老师天真地认为,杰弗里在思考答案是什么的时候,其余的学生也在思考。这岂不是很棒?乔老师没意识到,最多只有三分之一的学生会在这时思考答案究竟是什么,其余的学生只是庆幸自己没有成为焦点罢了。)

杰弗里拼尽全力想要尽快说出答案,乔老师却迅速改变目标,点了另一个学生的名字。现在杰弗里摆脱了困境,轮到另一个学生在聚光灯下汗流浃背了。纵然如此,依然少有学生会去听听问题究竟是什么,寻找答案的学生则更少了。乔老师继续点名学生提问,直到没有一个学生猜出正确答案,于是乔老师放弃了,只得把答案告诉学生。

乔老师最后只能沮丧地说:"把知识点记下来,后面测试要考。红色彩笔是画笔,横折弯钩是笔画(就是把画笔反过来)。"(我知道,这答案太不值得期待了,对不起。)

许多人都接触过玛丽·巴德·罗所研究的提问策略。她建议老师们简单地问出一个问题,比如,"要是一只昆虫自杀了,你会怎么称呼这种现象?"然后,停顿至少三秒钟,再说出一个学生的名字:"萨丽。"

如果直接提出问题而不是先指定学生回答问题再提问,那么所有的学生都不知道究竟会问谁,而且可能就是自己,于是他们会不由自主地去思考该如何回答。最后,只有当一个名字被老师点到后,他们才会因为自己没被点到而松一口气。不过他们确实思考了那么几秒钟,这就是与前例之间的不同之处。

不过其中的谬误是假设所有的学生都会思考。虽然没办法具体考证,但经验告诉我,只要有几个学生能在思考,老师就该庆幸了——

聊胜于无，总好过完全没人动脑子吧。

向每位学习者提问

幸运的是，除了向集体提问之外，还有许多提问方式可以吸引和激励学习者自愿参与到回答和提问中来，稍后会介绍这些方式。

不过，请别误解我的意思。如果整个集体都会回答问题，那么向集体提问当然可行。可我们还是需要认识到，向集体提问的症结在于提问方式：每次只有一名学习者参与（这一点都不"集体"）。如果某场讨论会导致学习者参与度降低以及知识留存率降低，那么不一定错在问题本身。其中关键是，为了让学习者更多、更好地参与学习，我们必须利用涉及整个集体的野猪式问题，而不是每次只照顾到一两个学习者。

如前所述，向集体提问的症结可能根本就不在于问题本身，而在于提问的方式。在一个典型的课堂场景中，教师向某个学生提问，而对方也在一定程度上参与了回答问题，那其他学习者又在做什么呢？

有谁能知道

我们可以识别出哪些人明显没有在听课，而对方其实也不在乎。我们能看出他们对课堂的蔑视。我们也可以推测，那些趴在桌子上的人其实可能也没听课。这样一来，就只剩下那些不看教师，而专注于写写画画、在书本上涂鸦的学习者了，还有一小群除了盯着教师，其实也没做其他事情的学习者。事实上，我们并没有办法知道他们心里究竟在想什么。有些教师可能错误地认为，所有看着教师的学习者都在听讲，而所有没看教师的学习者都没有听讲。倾听本身就是一种被动的活动，它产生的效果也很被动，单纯作为一种学习方式来说，它的效率并不高。

为了提高学习者的参与度，一些教师（尤其是面对年龄较小的学习者的教师）会事先告诉学习者，每名学习者都应该能够答得上他们提出的问题来。年龄较大的学习者很可能会对此无动于衷，除非有充分的理由，比如在参与评分（主要针对线上学习）、评级分数上有诉求等。我还在有的教室里观察到，教师要求提问过后，每个学生都要举手。可如果班上所有的学生都举了手，那其实就等于根本没人举手。教师也因此可能会使用传统的理由来指定学习者回答问题：点一个教师认为知道答案的学习者，或者点一个教师认为应该更加关注的学习者。

合唱响应

到目前为止，让所有学习者都能参与学习的最简单的解决方案就是向全班同学提出一系列野猪式问题，并让所有学习者大声回答这些问题——齐声回答。这就是所谓的合唱响应。这并不同于教师先说一个短语，再要求全班完全重复这句短语。当学习者以"合唱"的形式响应问题时，所有的答案都可能是正确的，只是他们不必采用相同的方式、同样的单词而已。事实上，答案不同才是最好的。全班同学在同一时间回答问题，学习者就没有理由害怕羞辱、耻感或尴尬了。根据克拉申（Krashen，1986）的说法，这时的情感过滤器或情感风险因素是最平稳的。所有学习者都在回答问题的时候，教师应该在教室里来回走动，以倾听学习者的回答，也许还可以让某位学习者重复说答案，这样能让那些可能没有完全正确理解的学习者修正自己的答案。根据学生的反应，教师还可以重新表述问题或分解问题，以帮助所有学习者进一步完善自身的答案。如有必要，教师还可以花点时间来对特定元素进行小型的专题教学，不过不要忘记再次提出问题，以观察学习者修改后的回答是否正确并强化学习效果。

让所有学习者说出问题的答案，虽然会比较吵，但对学习者或教师究竟又有何帮助？先来说说最显而易见的部分。我们大可假设，其实有些学习者一开始并不知道答案，可当他们听到其他学习者说出答案时，他们就知道答案了。学习上有困难的学习者会自动把目光投向他们认为总能说出正确答案的学习者。但教师还是应该保持警惕，要通过仔细观察和倾听，确保答案正确。下一次提问，学习者就能更自信地回答了。不过教师必须要记得会有下一次提问。用不同的形式来重复提问，可以借助塔克森记忆系统来强化学习者的长期记忆。让针对集体的提问变得更有趣，并提高问题的难度和复杂性，就可以利用区块化记忆系统，也可以强化长期记忆。

那些没有加入"合唱"或一开始犹豫要不要加入"合唱"的学习者，当他们看到其他人玩得那么开心时也会积极热身，准备参加接下来的"合唱响应"。教师在教室里走动时，即便周围融汇着学习者讲答案的各种声音，也依然能够清楚地听到附近的学习者在说什么、看到他们有何反应。为了保持趣味性，教师还可以指导学习者向左、向右、向地板、向天花板说答案；低声、大声、倒着说答案；用拉丁语、学机器人、模仿职业摔跤选手说答案；甚至金鸡独立着、边跳边说答案……组合无穷无尽。让所有学习者回答问题的前提并不仅限于让他们忙起来这一条。有这样一个事实基础，那就是学习本身是一种积极的努力，最有效的学习需要调用所有的感官、情绪和大脑在身体上的种种延伸。我在职业生涯早期阶段是一名西班牙语教师，我所了解到的是嘴与大脑相连，如果我可以让学习者动嘴，那就是让学习者动脑。我还发现，要是学习者不能把某个单词大声读出来，那他就永远记不住这个单词。让学习者通过"合唱响应"来大声把答案说出来，结果就是他们也会用语言去表达、理解和交谈自己正在学的东西，不管是数学、科学、历史还是别的科目，他们都能深受其益。在本书中，你会注意到学习的一个基本事实：身脑相连，要是身体能参与，那大脑就一定也能参与。

配对响应

为了让每位学习者都参与回答问题，那就让学习者跟他们的搭档同时提出和回答问题，这不仅仅是"结对思考，共享成果"。让一位学习者听对方的答案并做出纠正，而另一位做出解释，之后让他们交换角色。重复在学习中非常重要，合作伙伴多多互相分享也有助于学习者多次理解知识和多次听到知识（"三次法则"）。让学习者排成两行,再让两行学习者面对面。每位学习者做出回答并听对方回答后,然后选一行向右移动一步。队尾的学习者挪了一步后没有搭档,就移动到队首找搭档,然后不断重复这一过程。还有另一种有趣的方法来看待这个活动,那就是假如每位学习者都有一块不同于别人的拼图,这就使得所有学习者之间都有机会分享不同的拼图了。这种方法背后的力量在于,学习者并非被动地坐在那里听教师讲课。他们主动创建了神经树突(也就是连接),并将其扩展到其他树突之上。没错,我认定学习是一种生理活动,而不仅仅是认知活动。实际上,学习越多,大脑的确也就越大。

跟进答题学习者

传统上,具有创造性的教师会搭配着一个系统来使用"等待时间"技术,以确保每位学习者都能以某种随机的方式得到回答问题的机会。比如,有的老师在提问时随身携带点名册,并在教学当天标记每个被问到问题的学习者。这个方法的优势在于,教师得到了哪些学习者回答问题的记录,而且可以很容易通过设计符号来标识学习者是否尝试过回答问题,以及有没有答对。有的老师拿一个装满压舌板的杯子上课,压舌板上写着学习者的名字,随机抽取一位学习者回答问题。这个方法的妙处在于,每次学习者回答问题后,对应的压舌板会被留出来,这样就很方便跟进谁回答了问题,谁没有回答问题。不过可能有这样的问题,一旦学习者回答过某个问题,那他的名字就不在杯子里,他就会认为今天自己要答的问题已经答完了,这一天的学习也就结束了。当然,教师可以通过简单地把压舌板倒着放回同一个杯子来规避这种情况,而学习者不必知道这一点。

所以,为了让提出的问题效果最大化,要么利用合唱响应等方法来让所有学习者都同时回答问题;要么让同桌搭档轮流回答,使得一半学习者可以同时回答问题;要么安排分组回答问题,使得四分之一学习者可以同时回答问题;要么至少在提出问题后,先停上三秒。

还有问题吗?

小结

1. 合唱响应给了所有学习者以最低的情绪风险参与学习活动的机会。
2. 身体与大脑相连,只要身体活跃,那大脑也会活跃。合唱响应是一种能让每位学习者都全身心投入的方法。
3. 配对响应活动有助于学习者在个人层面参与学习。如果操作得当,学习者还能够同时兼顾教师和学习者的双重角色。
4. 有些学习者一整天都没有被问到或回答过哪怕一个问题。教师需要照顾那些可能整天都只是坐着听听的学习者。
5. 玛丽·巴德·罗认为,在提问后简单停顿一下,然后再点名提问,有助于所有学习者专注地听课并准备答案。等待时间也可以包括在点名回答后的暂停时间。
6. 教师需要设计一种方法来确保每位学习者都有机会回答问题:在点名册上记录下回答过问题的人,或者在压舌板上写下学习者的名字。

目标问题:该如何利用提问来激发后排学习者的参与度

课堂讨论谬误

前文曾解释过,学习者很清楚在课堂上哪些同学一直认真听讲什么,同时也乐于让他们去处理老师所提出的问题,来让这场所谓的"讨论"得以持续。倘若教师意识到课堂提问中存在这种让人不舒服的学习态度,就很可能会采取措施,通过加强学习的紧迫程度来激励所有学习者能参与到课堂中来。不过从我的经验看,比起好好说话,在课堂表达浮夸其实不会给大多数学习者留下什么更深刻的印象,也不会因此改变他们的学习行为。例如:

"上大学你会用到这些内容。"

"这个是考点。"

"你该弄明白这个知识点。"

"这会影响你的平时成绩。"

还有一些教师可能会使用一些小方法，比如小恩小惠、让学习者尴尬或某些纪律措施，来鼓励学习者参与回答面向集体的问题。例如：

"第一个举手并回答正确的人加 10 分。"

"大家伙都睡着了？这问题多简单呀！"

"要是除了……之外没人回答这个问题，那我们就一直等着吧。"

坦率地说，教师无法强迫学习者自愿回答面向集体提出的问题。下面分析一个案例。

"所有人注意，咱们一起来谈谈门罗主义。关于门罗主义，大家都知道些什么？"

一位学习者回答："门罗主义基本上就是要阻止其他国家向美国殖民。"

"别人还有什么见解吗？"

其他几位学习者回答："门罗主义认为，任何欧洲强权，如果要征服或扩充已经解放或已经存在的殖民地，美国就会参战。"

"今天的美国还遵循门罗主义吗？"

有些学习者点头，不过大多都坐在前排，他们说："是的。"

"那你们能给我举几个可以说明这一点的例子吗？"

看上去这次讨论非常棒，但不妨想一想，究竟有多少学习者在实际参与这些前置交流。每个问题至少有一个学习者回答，至多三个。根据授课情况不同，其他学习者的确可能会被动地参与听讲，不过对此的确不能有太大指望。

课堂讨论的真相

真相是有些学习者可能的确在学习，但大多数并没有。下面将解释为什么课堂讨论效果并不好。事实上，教师与学习者之间的这种互动并非"课堂讨论"。据美国肯特州立大学社会研究教授威廉·威伦（William Wilen）博士在题为《驳斥关于课堂讨论的误解》（*Refuting Misconceptions About Classroom Discussion*）的文章中的说法，这种学习活动实际只是一种"背诵"，因为每次只有一个学习者在与教师交谈，而教师只是在让他复习已经知道的学习材料，而其他大多数学习者都是旁观者而已，可能在听，也可能根本就没听。而且最关键的是，学习者并没有对"讨论"承担起责任来。"背诵"是教师全程引导着大家。教师通常都在寻找着所谓"正确答案"，并试图通过提出引导性问题来带出学习者的答案。即使教师走出了"背诵"模式，让学习者去讲去说，这种即兴讨论也只能让学习者在缺少证据、缺乏思考和学习的情况下提供自己的观点罢了。

在真正的讨论中并没有"领导者"，每个人都能表达自我和接纳他人的观点，这涉及到准备、推理、演绎、论证、证明和得出合理的结论。最重要的是，在真正的讨论中，结果不是事先预设好的，而是通过讨论过程发现、挖掘出来的。学习者不熟悉真正的讨论是什么样子，或者更确切地说，学习者需要依靠一些方法来帮助他们有效参与讨论。威伦博士还很贴心地分享了一些策略，提供了帮所有学习者从参与讨论中成功学习的方法（见表13–1）。

除了这些方法，苏格拉底讨论法或改良讨论法同样是非常棒的针对全班或半个班规模的讨论方法，因为它们有预先规划，学习者有时间去准备证据和巩固自身观点。在讨论过程中，教师的作用不是引导，而是阐明信息和鼓励参与。四角辩论可以同时吸引更多学习者，让大家从四个不同角度来进一步丰富讨论内容。正式辩论会迫使学习者在准备自身论点之外，还要考虑对方论点（我的另一本书《教学生深入探究》中更全面地说明了以上内容）。每一种方法成功的关键都在于能否提出优质的野猪式问题。

表 13–1　让所有学习者都能参与到真正的讨论中的讨论方法

1. 应答卡
分发应答卡并要求匿名回答要讨论的问题。然后将回答分组，再针对每个主题进行特定结构的小组讨论，或者换另一组问题来全班讨论

2. 投票
口头提出投票需求，要求学习者举手表明自己的立场，然后对这些立场进行讨论，同时跟进对群体情绪的判断

3. 反击
质疑负责人要在"小组"中接触各个组员，了解每个组员的观点或随机询问组员的观点，再听到观点时要快速质疑反击。这些信息可用于形成小组对问题或解决方案的不同观点

4. 非正式小组
邀请一小部分学习者代表小组在全班面前陈述他们的观点，由其他小组向他们提问

5. 筹码讨论法
将相同数量的筹码或硬币（三到五枚）分发给每个组员。告诉他们，作为讨论的一部分，每次回答、评论或提问都要用掉一个筹码。组员需要在讨论结束前用完所有筹码，或者重新分配同等数量的筹码以继续讨论

6. 讨论球
向学习者方向投掷一个泡沫球，接到的人必须针对问题提供答案、做出评论，或再问出一个问题。然后该学习者可以将球扔给另一个学习者，以此类推

理解何为真正的讨论之后还要明白，费劲"引导"课堂讨论本身就是对精力和时间的一种浪费，主要是因为"引导"破坏了"讨论"的探索性目的，同时也因为有能力参与集体背诵的学习者数量往往有限。我想你知道我说这些是为了表达什么：比起"引导"一场背诵，甚至是安排一场真正的讨论，为什么不教你的学生如何讨论呢？把你的班级分成几个四到五人组成的小组，这样他们不就可以讨论问题了吗？他们能不能跟同桌进行热烈的讨论？当然可以！让每一个学习者

都能参与进来,要比让 30 个或更多学习者痴痴听着几个学习者谈话有效很多。如果教师可以利用"野猪式问题",让几乎所有学习者积极地参与进来,会不会强化学习者的学习呢?那只能说"肯定会的"!

迈克尔·施莫克曾说:"在学校生活的每一天,学生们都应该去批判性地阅读课文,然后为了支持或反对人物、思想和政策而去寻找与权衡证据,并最终形成自己的观点。这些活动能够培养一套基本的、智力水平上的'思维习惯'——这是梅尔和作家泰德·塞泽尔对其的称呼。"

马扎诺也曾说过,"可以这么说,能不能保持学生参与是课堂教师该考虑的最重要的内容之一"。让学习者产生参与思考的需求,并提出野猪式问题,就是一种有效手段。

表 13-2 列出了教师在实操中应该避免的提问方式。

表 13-2　　　　　　　向集体提问时应该避免的错误

向集体提问时的常见错误	学习者的可能反应和对应的解决方案
敷衍的问题,比如"还有问题吗"	学习者无法回答这样的问题,因此应该提出具体问题来检查大家对知识的理解情况
让主动回答的人来回答问题	学习者乐得有其他人回答,所以要让特定学习者或一组学习者来回答这个问题
只选择不听讲的学习者回答	学习者会假装听课,所以要提前警示学习者,你会点名回答,这样可以给他们时间来准备自己的答案
自问自答	学习者只用装聋作哑,等待答案就好,所以要问更多的问题,并且永远不要给出答案
不给回答者充足的答题时间	学习者会感到沮丧,所以至少先等五秒钟,再试着去帮学习者找到答案
不承认学习者的努力	学习者要是觉得自己是否努力并不重要,就会选择放弃。所以应该真诚地称赞学习者,而不仅仅说一句"做得好"

续前表

向集体提问时的常见错误	学习者的可能反应和对应的解决方案
提出过于肤浅的问题（僵尸问题）	学习者会感到受到了羞辱，所以应该跳过这些问题，去问更难的问题
只问知识层面的问题	学习者只会给出知识层面的答案，所以应该提前准备更高级的问题
没有跟进提出更多的问题	学习者可能对知识了解不全面，所以不要让只回答了一半的人站着，而应该追问他们困在了哪里
不能确保所有的学习者都有机会回答问题	学习者很容易被忽略，尤其是害羞的人，所以应该建立一个系统，让你能确保每个学习者都回答过问题

四角野猪辩论

每个房间都有四个角，让这种技术的执行方便了很多，对于多项选择题而言，每个角都可以代表一个答案。正如在前文谈及 TPR 时所说明的，让学习者从一个角落移动到另一个角落，并以此来让他们表明自己选择的答案，其实是个让学习者的思维和身体都能参与的好方法。还有一个必须遵守的规则，那就是倘若学习者选定了某个角落，那他们就必须要捍卫自己选择这个角落的原因。倘若教师知道该如何用苏格拉底式的方法去提问，那有趣的讨论就会接踵而至。这也意味着你基本上永远不会给学习者提供答案。你只要不断地去问更深层次的问题，帮他们弄清楚就行了（在苏格拉底式讨论中，学习者也会互相问很多苏格拉底式问题）。下面是参加四角辩论前你需要记下的野猪式问题的示例清单。

起阐明功能的野猪式问题：

- 你要表达的意思是什么？
- 你如何定义……？

- 你能用另一种方式来陈述你的立场吗？

起增进理解功能的野猪式问题：

- 这与……之间有什么关系？
- 这还涉及其他哪些概念？
- 通过……你了解到了什么？

能激发更多学习的野猪式问题：

- 你可以在哪里找到更多与此有关的信息？
- 你还发现了哪些其他来源？
- 你对此有什么问题吗？

展示思维过程的野猪式问题：

- 为了发现这一点，你都做了什么？
- 你为何会产生这样的思路？
- 为了获取答案，你采用了哪些步骤？

用于求证的野猪式问题：

- 有什么可以支持你的想法的证据？
- 你是如何得出这个结论的？
- 你的陈述有什么依据？

在图 13–1 中，教师将问题的答案分配在了教室的四个角落。而这个问题本身有目的地安排了内部矛盾，并且要求学习者进行"评估"（在本杰明·布鲁姆的认知任务难度梯队中排在第二档）。

> 同学们，请站到教室一角，选择最符合你想法的角即可，并回答下面的问题。每个人都必须选择一个角。不要简单地根

据有多少同学选了哪个角，或者你的朋友选了哪个角来做决定，因为这个问题的答案本身并无绝对的对错。现在你选好了一角，那接下来作为一个小组，你们有15分钟的时间设计一个实验，用来支持你们所在这个角所代表的观点。

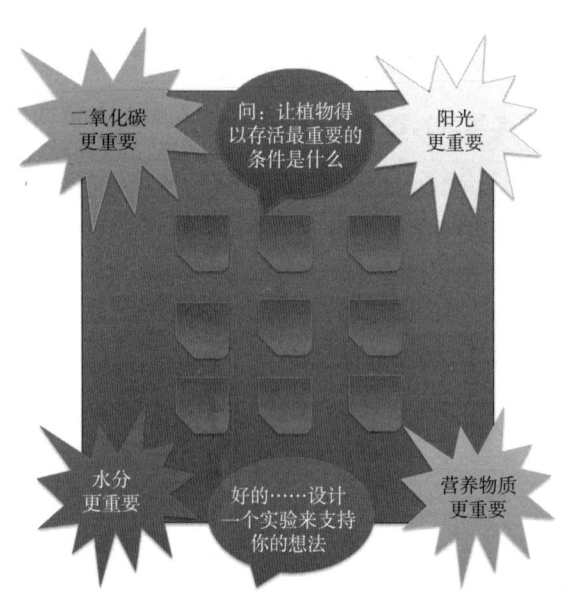

图 13–1　对四角辩论的说明

回答野猪式问题的高科技手段与普通手段

学习者回答问题可以使用高科技手段，也可以使用普通手段。高科技手段有很多，比如与智能平板电脑联动的"点击器"、得州仪器的无线导航系统（TI Navigator），还可以让学习者拿手机用 Quizlet 或 Kahoot 来回答问题。提出一个问题，每个学习者都可以在自己的设备上回答该问题，而且系统可以立即制成表格来呈现所有正确和错误的答案。复杂系统甚至还可以随时跟踪学习者的回答，并通知教师各个学习者和整个班级的学习进度。

没有什么技术含量的普通手段则不涉及电池和网络技术相关的一些头痛问题，也不用处理学习者被智能手机分散注意力的问题。最简单的方法就是让学习者通过大拇指向上或向下来表达自己是否同意某个观点。学习者还可以在举手时顺便用手指来呈现答案。还有一个例子，就是让学习者把一张纸对折再对折，这张纸就被平均分为四份，并在每份分别写上字母 A、B、C、D。做选择题的时候，学习者只需向教师呈现正确答案对应的字母。更进一步，学习者还可以用蜡笔把正确答案写在一张纸上，然后把纸举起来让老师看。也许最讲究的方法，就是使用个人白板或磁流体板了。关键是每个学习者都在积极地去学习，这也使得学习能够更加深入、更有意义、更令人难忘……这才是我们要在教学中首先要做到的。

小结

1. 传统上，教师更喜欢让全班一起讨论，他们认为这样能够达到很高的教学水平。学习者也喜欢讨论，原因却有不同。在全班讨论中，每次只有一个人发言，因此大多数学习者既可以听，也可以充耳不闻。

2. 全班讨论实际上只是一种"背诵"，而且没有让全班参与其中。

3. 将讨论分解为多个部分，并将这些部分分配给不同小组，这会让讨论更加有效，还有助于吸引所有学习者参与。

4. 教师在提问时经常会犯一些常见错误，规避这些错误就可以提高教学质量。

5. 四角辩论法允许学习者选择他们认为最正确的答案。然后，学习者就可以去研发一种方法来支持自己的想法。

6. 不管是采用高科技手段还是普通手段来回答问题，都能帮学习者承担回答问题的风险，也能帮他们就自己的回答是否正确获得即时反馈,还能帮教师了解每个学习者在什么水平发挥作用。

生理问题:如何通过提问调动所有学习者的大脑与身体

身体综合反应

外语教师都知道一种教学方法,它充分利用了身体与大脑彼此相连的真实机制,即"身体综合反应"(total physical response,TPR)。这也意味着教师会以特定方式提出问题,而学习者必须用身体来表明他们对答案的理解,而非简单地给出答案。无论是凌空画出一张美国地图并呈现出佛罗里达州的位置,还是空手模仿换轮胎的流程,TPR都能让身体和思维朝着正确的方向携手迈进。从某些方面说,TPR与"西蒙说"游戏非常相似。事实上,可以用"西蒙说"搭配TPR来做测试,看看有哪些学习者需要教师多关注并帮助他们提升("西蒙说"的例子详见第11章)。

TPR也是一个优秀的词汇构建工具,除了外语课之外,也适用于任何课堂。教师可以通过创造性地要求学习者做些什么来展示他们所知道的答案,从而提升趣味性:学习者可以指、触碰、贴着站、移动、抓取、搬起、坐在下面、站在上面等。有个简单的入门方法,就是让学习者在书中一找到答案就举手,然后直接指出答案。为了巩固学习,他们还可以与搭档或组内成员分享他们的答案。教师可以把拿来互动的答案放到任何地方,这样学习者可以在书上、墙上、黑板上指出答案。比如,单词墙对词汇量的积累就非常有用(教室的四面墙都可以当作单词墙来使用),如果仅仅把单词放上墙,并不能帮助学习者掌握单词。有了TPR,通过让学习者在墙上找到意为"让植物通过太阳获得能量的化学物质"的单词,不仅可以帮他们学习这些词,还会让教师立即发现有哪些学习者其实不知道叶绿素究竟是什么(他们指不出来或者会指向错误的位置)。对于努力学习的学习者来说,

TPR 活动是个极好的学习机会，而且还不会让他感到尴尬：他们所要做的就是观察其他学习者在做什么，并模仿他们。

以下是一些根据科斯塔难度等级划分的 TPR 野猪式问题示例。

科斯塔一级问题

- 指向、触摸、站在旁边等。
- 点头或摇头，大拇指向上或向下（是或否）。这是……吗？我能用这个……吗？
- 如果正确，请起立。如果同意，请举手。

科斯塔二级问题

- 拿起给你的方程步骤卡，按有意义的顺序排好队。
- 将卡片按正确顺序排列来组成句子。
- 把幻灯片上描述的动物按属、科和目来进行分类。

科斯塔三级问题

- 墙上贴有薇拉·凯瑟（Willa Cather）的《我的安东尼娅》(*My Antonia*)的引文，请选择最能说明你对其理解的一条并站在它下方。
- 四个墙角贴着四个答案，选择你认为最好的并站到对应的地方。问题如下："杰夫有个时薪 8 美元的工作。他每周工作 20 小时。如果他把首月收入的 20% 存进银行，那他能存多少钱？"
- 墙上贴着可能导致了经济大萧条的原因。选择你认为最有可能的首要原因，并与其他有同样想法的同学组队。以小组为单位，准备一段两分钟的陈述，说明你们为什么要选择这一点作为主要原因，并提供相应的支持依据。
- 来一次长廊漫步，好好阅读两边墙上贴着的陈述内容。对于每一项陈述，请回答同意或者不同意，并至少提供一个能够支持你观点的依据。

TPR 的另一个应用是讲好故事——跟任何事情有关的故事都能讲！任何话题或主题都可以做成故事，而且根据丹尼尔·威林厄姆博士的说法，我们的大脑就是为了听故事和讲故事而设计的。故事的创作基于各种问题，而这些问题又与主角、情节、场景、高潮和矛盾的解决有关。讲述故事的时候，可以使用手势和动作来帮学习者巩固大脑中的信息。你有没有听过一个关于邪恶的分母拒绝改变，一心要嫁给美丽的繁分数的故事？

小结

1. 通过提问让学习者活动身体来影响其大脑，这被称为"身体综合反应"（TPR）。
2. TPR 与放置在房间四面墙上的物品搭配使用时，非常有助于增加词汇量。
3. TPR 搭配野猪式问题，可以把学习从难度较低的科斯塔 1 级水平升级到 3 级水平。
4. 借助 TPR 讲故事是另一个层次的应用，不管针对什么主题，学习者都将不得不提出与故事相关的问题来讲述和推动故事。

第 14 章

释义交谈：如何帮助学习者证明他们的答案

在第 5 章"实质性"中，我们讨论了问题和答案中要有严谨的思维支撑。典型的严谨性包括引用资料和利用一系列问题去探究处于科斯塔三级水平、布鲁姆分类中的创造（问题解决、评估）水平和埃里克森体系中的理论知识水平的内容。

提问培训：如何让学习者学会提出高效问题

教学与培训的区别

我在得克萨斯州圣安东尼奥的美国陆军医疗培训医院接受培训时，掌握了"教育"和"培训"之间的一些区别。为了能真实地描述这种差异，我得先给你们讲个故事。这个故事是院长当年讲给我的。陆军医疗培训医院能帮助急救人员和其他医务人员准备好胜任战场上的工作。在一堂急救课上，士兵们学习了在接收战斗伤员进入医疗区后，如何对他们进行分类与安排。士兵们接受训练后掌握了对伤员的评估方法，还学会了在必要时进行初步的救生急救，之后再继续治疗下一个伤员。为了节省绷带和医疗用品，士兵们培训期间用未拆封的绷带包扎"伤口"。正在接受医疗培训的士兵要对假装受伤的士兵逐一进行评估，必要时就用绷带绑在对方说自己受伤的地方。练习一遍又一遍地重复，直到培训士兵能够快速而毫不费力地完成任务为止。

这群医疗急救人员毕业后，进入了战场。其中一名医疗急救人员被分配到了前线作战区域，需要对伤情进行甄别分类。他按培训内容做，评估了每一个伤员，初步处理那些需要立即得到医疗照护的伤口，不过让他的指挥官大跌眼镜的是，这位急救人员尽职尽责地用没开封的绷带包扎了每个伤员的伤口。通过这个故事，我们知道了培训的理念是使行动能够不需思考就下意识地执行。另一方面，教育则强调要对情况加以思考，然后确定最佳行动方案的能力。我们有时也希望学习者能接受培训，在不需要思考的情况下对某些情况做出（正确）反应，如同在军队里一样。不过在其他情况下，我们还是希望学习者能使用高阶思维技能来做出决策以及创造解决方案。

培训学习者去提问

　　这种培训与行为主义心理学之间有着很大的关联性。当被给予某个刺激时，我们希望能有一个自主的反应发生。例如通过不断重复培训学习者"要想回答问题就举手"；有些教师会要求学习者用完整的句子回答问题；还有的教师会要求学习者在被点名回答问题时起立回答。我们不仅可以而且应该培训学习者该如何回答问题，同时还应该培训他们如何正确地去提出问题。本书前面的内容一直在帮你提高自己提问的能力。现在轮到你去帮学习者提高他们的提问能力了，让他们养成自动提问的习惯。多项研究（其实也是常识）表明，一旦学习者提问，就一定产生了真正的学习。不过要想让学习者做到这一点，还需要一些准备。

　　不妨勇敢一些！只要确实用科斯塔的三个层级的问题培训过学习者，他们自然就会开始评判教师的问题。教师甚至希望他们评判自己提出的问题：要是教师的问题不合格，他们就应该随时指出来。正如任何一位真正的科学家都会告诉你的那样，问题往往比答案更重要。这并不是说答案不重要，而是只要问对了问题，其实就可能已经打开了许多研究的大门。如何让学习者提出优质问题呢？培训他们，直至成为习惯。

第14章 释义交谈：如何帮助学习者证明他们的答案

> 从一个人的回答中能看出来他是否聪明。从一个人的问题中也能看出他是否聪明。
>
> ——纳吉布·马赫福兹（Naguib Mahfouz）
> 1988年诺贝尔文学奖获得者

培养思维习惯

虽说你未必同意我的观点，但我还是相信，人类是一种有习惯的生物。更重要的是，倘若没有习惯，我们就无法生存。我们的一切行为都有习惯性，如我们先给哪只脚穿袜子，我们如何刷牙等。但习惯的影响远远不止于此。我们不仅有身体、肌肉上的记忆习惯，还有情感上的习惯，甚至心理上的习惯，这是我们的思维多次遵循的成熟轨迹。大家都听过关于"21天养成习惯"的说法。习惯养成其实因时而异、因人而异。有的习惯要养成，用不了21天，有的习惯要养成，21天不够用。马尔科姆·格拉德韦尔（Malcom Gladwell）声称，专注做一件事10 000小时就能让你成为专家。为什么？因为经历了10 000个小时后，你已经接受了培训，已经将之打造成了一种习惯。学习者理应知道该如何提出问题和批判性地思考，唯有不断地培训，学习者才能真的做到。学习者需要习惯性地去质疑他们所听到的、所读到的和所看到的。唯一的办法就是教师始终允许他们在当前的学习中使用自己的提问技巧，见表14-1。正如本书中多次提到的，教师需要创造一种学习环境，而在这个环境中，可以有异议，不过要用证据来支持。

表14-1　　　　　　　培养学生的提问习惯

使用发散问题，而不是太多收敛问题
避免让答案局限于"是/否"或"真/假"
避免复合问题——在提问中用"和/或"
使用在分级上循序渐进的问题——科斯塔分级体系

续前表

| 提前准备好问题（野猪式问题） |
| 避免诱导式提问 |
| 准备好支持你问题的引文 |

苏格拉底式问题：带着问题去回答问题

也许我举过的苏格拉底式问题的例子已经太多了，但现在我想推行的其实是另一种学习模式。我无意去设想某位苏格拉底一般的出众提问者，向一屋子热切听讲的学习者提出让人兴奋的问题，我想另外设想这样一个真实或虚拟的房间，里面挤满了热忱的学习者，每个人都在学习主题方面有着要向同伴提出的一系列激动人心的问题。稍后我们再探讨这些热忱的学习者可能会问彼此的问题类型。只要能提出苏格拉底式问题，学习者就会希望与他们的搭档、组员、辩论小组、核心小组和全班去进行辩论。努力让学习者参与进来将不是问题。如果你像我以前一样，出于兴趣看了看"问题分类"里都有哪些问题，那你可能会像我当年一样失望，你会发现问题的分类没有一致标准，而且得到推崇的问题类型所对应的例子也是人工编纂的，甚至都不匹配对应的问题类型。于是我索性做了对我来说似乎更有意义的事——希望对你而言也一样。我做了自己的分类表（见表14-2），你还能跟你的学习者一起分享。

表14-2　　　　　　　　　苏格拉底式问题的分类

探究性问题	探究更多信息，更加深入
验证性问题	用不同的表达方式重述
挑战假设与偏见	要求证据
过程问题	如果……那么下一步会……
命题问题	要是……会发生……

续前表

观点问题	你的感受是什么 vs 你的想法是什么
对比问题	对立表述，魔鬼代言人

探究性问题

我在给凤凰城大学的教师培养项目做线上教学的时候，时刻牢记的一件事就是要确保问题的答案是实质性的。我很快就了解到，为了得到实质性答案，我必须提出能得到实质性答案的相应问题。如果我没能得到具有实质性的答案，那我就不得不使用探究性问题来谋求具有实质性的答案了。换句话说，我不接受笼统的答案，也不接受深度显然不足或者完整度不够的答案。安排探究性问题，就是要从学习者身上获取更多信息，让他们能更清楚地阐释自己，并激励他们帮我们去理解他们要表达的内容。这可以是要求他们定义某个他们用过的词汇，或者进一步说明他们所提到的某个特定参考信息。有些人会称之为"阐释"，但我还是把它放在"探究更多信息"的分类中。请记住，无论是以提问还是以陈述的形式完成，问题本身都是对信息所提出的一种需求。比如：

- "请再讲具体些。"
- "我没有弄懂，请再解释一下。"
- "你使用'伊特鲁里亚'这个词时，具体指的是什么？"
- "请解释一下你说的'太多'具体是什么意思。"
- "你所提到的具体是电脑的哪个部分？"
- "莎士比亚做过很多哲学表述，你具体指的是哪一段？"

验证性问题

我之前在学习怎么当一名教育领导力教练时，和其他参加培训的人一起被灌输了这样一个概念，那就是史蒂文·R.柯维所提出的高效能人士的七个习惯中的第五个——知彼解己，在表达我们自己的观点之前先去完全理解他人，然后再寻求被别人理解。能做到这一点的主要方法是用你自己的话重述或验证你对对方所说或所写内容的理解。这可能只是简单地复述对方所提出的相同概念，也可能意味着要从字里行间读出你认为对方真正想说的话。比如：

- "如果我没理解错的话，你是说你相信圣诞老人是真实存在的？"
- "你认为圆也算是一种球体，是这样吗？"
- "按你所说的，你预测 2025 年后，货币都会电子化？"
- "虽然你说你讨厌纳撒尼尔·霍桑（Nathaniel Hawthorne）的《红字》（*The Scarlet Letter*），但你真正想表达的是你更喜欢读一些与当代更相关的作品。我说的对吗？"

挑战假设与偏见

我们所有人都会根据种种假设和偏见来做出决定、发表见解。揭示这些偏见的行为被称为揭露，很少有人愿意这样做。不过有效的提问同样可以揭露这些偏见。基于这一原因，法庭上会容许盘问证人。比如：

- "你如何描述你在校内祈祷主题中的个人信仰？"
- "你不同意宗主国思想中的哪些要素？"
- "为什么你更喜欢巧克力冰激凌，而不是草莓冰激凌？"

过程问题

确定做一件事的方式通常与知道为什么做这件事一样重要。过程中的每个步骤都会是关键，通常都意味着要做出选择或决策。遵循流程可确定究竟有哪些中间决策导致了最终的结论。任何学术努力都离不开步骤与流程，无论是对代数方程逐步求解，还是在一篇强调说服力的文章中刻意积累论据，其中所采取的步骤都值得分析和质疑。就过程提问题的目的是要确定某个关键点，这一关键点促成了整个过程的成功或失败，或者为整个项目的成功或失败埋下了伏笔。比如：

- "请向我解释你得出这一结论所采取的步骤是怎样的。你怎样从这步走到了那步？"
- "哪个步骤对最终目标的贡献最大？"
- "在你的实验中，你是在哪个节点确定出问题了？"
- "在与其他专业团队打交道时，你获得成功的关键在于什么？"
- "1860年总统大选中，哪些因素影响了选举结果？"

命题问题

命题问题通常也被称为"如果"问题。这些问题要求根据事实或假设情况来对可能的结果加以预测。这些问题背后的整个想法是消除当下的限制和障碍，并在新的自由框架下设问："情况会有怎样的不同？"其目的是从被询问的对象中引出想法、信念和期望。这些问题有好几种形式，如"如果你有根魔杖……""如果不差钱……""如果你是总统……""要是……你认为会发生什么？"或"如果你能改变任何事情……"这些问题往往非常有个性，其诱导的方向也往往有着异想天开的意味，有时还会获得尖锐的答案。比如：

- "如果没有法律禁止打砸抢，后果会怎样？"
- "如果让你来写《杀死一只知更鸟》(To Kill a Mockingbird)的最后一章，你会怎么写？"
- "如果你是一个外星人，会对学校有怎样的看法？"
- "如果我给你一百万美元，你打算怎么花？"
- "要是约翰·斯坦贝克（John Steinbeck）对人性中的良善有不同看法，他所写的《珍珠》(Pearl)会有怎样不同的结局？"
- "如今从该项目的结果去反思，你之前还能有哪些不同的做法呢？"

观点问题

观点问题往往可以直接询问："你对此有何观点？"也可以通过"想法""观点""感受"等词汇来间接提问，但不管是哪种情况，都需要对方反馈他们的所思所想所感。我们通常还会把对思维过程的复盘归入"观点",但正如你在跟其他人打交道时可能发现的那样,"观点"可能常常与某个人的想法没什么太大关系,反而与这个人的感受关系更大。广告业对这一概念的理解相当透彻,以至于为了能销售某样东西——尤其是像汽车这样的高价商品——他们会去吸引顾客的情感而非他们的大脑。在他们展示的照片里,有优雅的女性和英俊的男士怡然自得。在他们展示的视频里,有一辆闪闪发光的汽车在某个美丽的山口弯道上倾斜着飞驰而过。他们也很少会在展示真皮座椅和花哨的内饰之前先展示汽车的硬件规格。在这类问题中,"想法"和"感受"这两个词经常互换,而其意思相同。比如:

- "在想到委内瑞拉经济危机时,你脑海里会出现哪些可能的原因?"
- "应对愤怒的客户时,你觉得做出怎样的反应才最恰当?"
- "你有什么好的建议给一个既要赶工做项目,又想花更多时间陪家人的程序员吗?"
- "你对'罗诉韦德'一案有何观点?"
- "你认为自己怎样应对这一情况更得当?"
- "要想建一处居所,该考虑的事项里哪条才是重中之重?"

对比问题

对比问题的特点是所问问题的内容与主题正相反,其目的是找出思维中的缺陷所在。与此相矛盾的是,有不少人会给这种问题贴上"魔鬼代言人"立场的标签,而在讨论伦理或道德问题时,要尤其慎重地使用这个称谓。比如:

- "如果我把光明当作黑暗的反面,那照亮的反面是什么?"
- "往水中导电,就会产生氢气和氧气。那该怎么做,才会让这一反应逆转呢?"
- "地平说这一观念如何影响了当年的探险家?我们当下对地球形状的认识与当年有何不同?"
- "要是对文艺作品做审查,那该由谁来决定审查的标准?"

- "请解释为什么太阳能并非能源产业的未来所在。"
- "还有哪些问题没有问到?"
- "其真正的意图与意义是什么?"

逻辑

涉及逻辑的问题比比皆是,想给考生下绊子的问题尤其多。界定词汇——"所有""大多数""若干""一个""没有",可以让问题变得更难、更复杂。如前所述,此类问题不会在授课时自动生成。为了强化学习深度,为了更高水平的天才而特意编制的野猪式问题需要提前准备。逻辑运算词"且""或""非"等的使用,我们在第5章已完成了讨论。

三段论

该如何构建一个三段论问题呢?你可以先提供两条信息,然后再让学习者去考虑第三条是什么。比如:

> 狗有四条腿,有四条腿的动物都是陆行动物,因此,狗是陆行动物。

问题是——狗有四条腿,而四条腿的动物都是陆行动物,我们可以说狗还有怎样的特点呢?为了增加难度,你还可以设计一个反向三段论问题(通常来说,这些问题的作用机制不同于上个问题)。比如:

> 狗是陆行动物,有四条腿的动物是陆行动物,我们可以说狗还有怎样的特点呢?

我们可以怎样才能改变三段论并使其发挥作用呢?

探究式学习：如何让学习者通过问题来学习

当我担任由福特基金资助的项目的经理时，我亲眼见证了一旦学习者被赋予了学习的权力，会发生怎样的转变。我召集了来自圣安东尼奥三个不同学区的 26 名九年级学生，共同参加福特优质学习伙伴（Ford PAS）计划。我清楚地记得第一次开会时，这些年轻的学习者被分成五六人一组，拿到了一项需要完成的设计任务，然后被放任不管。大家只是呆呆坐在那里，都不知道下一步该做什么。通过鼓励他们并给他们提供建议，他们开始了自己的学习之旅。他们所投入的每一项学习活动都是为了让他们能一起提出问题并解决问题。这些年轻人全情投入，提出困难的问题，做出计划，体验失败，然后重整旗鼓，直到成功。他们的最后一个项目是设计三个测试来评判不同类型塑料的强度，以便他们为产品选择一种最好的塑料。他们呈现结果的视频展示出了独特且有效的测试过程，令人赞叹不已。经过短短六周的探究式学习，这些学习者不再胆怯、缺乏想象力，转而成了充满好奇、雄心勃勃、勇敢无畏的学习者。这就是探究式学习的力量。

好奇心

探究式学习的重点在于其最终结果并不是人人皆知，所以才需要去探究。教师对活动可能产生的结果有个大致的概念，并明确知道为了完成项目要安排学习什么，但学习的方向完全取决于学习者自己提出的问题（即探究的对象）。让学习者开始提问，也就意味着教师首先必须通过创建一个"与学习者相关"的场景来作为预先设置阶段；这也解决了学习需求的问题。然后再根据时间安排和预期结果，确定学习活动的界限所在。最后，教师会给学习者提供他们需要的所有信息和工具，让他们自己动手。探究式学习的各个阶段可以用五 E 探究模型来加以概括（见图 14-1 和表 14-3），即投入、探索、解释、延展和评估。

第14章 释义交谈：如何帮助学习者证明他们的答案

表14-3 给学习者的五E探究问题

投入	探索	实验	解释	延展
• 提出问题 • 问题究竟是什么 • 为什么它很重要 • 它对我有什么影响 • 我对哪方面感兴趣 • 我已知哪些信息 • 我有什么工具 • 该从哪里着手 • 我能做到什么地步 • 我怎么样才能知道何时能完成	• 观察问题 • 我看到的是什么 • 我该怎样描述它 • 这些东西是什么 • 它是如何运转的 • 它怎样转的规则 • 它的运转过程是怎样的 • 要是我改动了某些东西会发生什么 • 在不同的条件或情况下会发生什么	• 推进问题 • 我对此提出了什么问题 • 我可以如何去了解更多信息 • 我可以进行什么样的实验 • 如何区别看待我要知道的内容 • 我可以控制哪些变量 • 我不能控制哪些变量 • 注意细节问题 • 哪些细节最为突出	• 记录问题 • 我可以创建哪些文档来呈现数据 • 数据和文档之间有怎样的关系 • 我需要用什么视觉效果让解释效果最优化 • 我需要多少数据量 • 数据分析问题 • 数据显示了什么 • 数据表明了什么	• 得出问题结论 • 如何通过数据来预测未来行为 • 数据呈现出了什么特征 • 这些数据可以应用在哪里 • 评估问题 • 我如何验证结论 • 我可以使用什么标准来衡量进度 • 思考问题 • 我获得成功的过程是怎样的

167

续前表

投入	探索	实验	解释	延展
• 我怎样才能知道自己何时能成功 • 我的时间限制设置在哪里	• 这会影响到什么或影响到谁 • 这和我已经知道的内容有什么关系	• 缺少了什么东西 • 什么东西非常独特 • 有哪些异常值 • 其他人如何做同样的实验		• 下次可以如何改进流程 • 我可以避免哪些障碍 • 我需要什么额外的帮助 • 我学到最多的东西是什么

第14章 释义交谈：如何帮助学习者证明他们的答案

横向：

1. 延展（Extend）：学习者该如何深入挖掘以更好地去理解？

4. 解释（Explain）：学习者如何传达他们的理解？

5. 投入（Engage）：学习者该如何开始学习调查？

探究式学习的五 E 模型

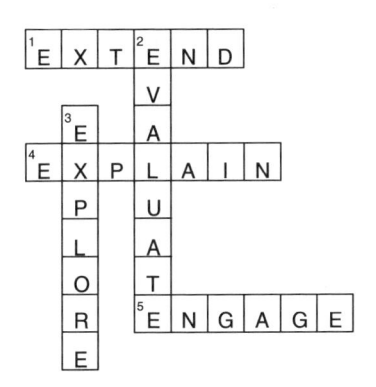

图 14-1 五 E 探究模型

纵向：

2. 评估（Evaluate）：学习者如何验证他们的理解以及如何确定他们的探究有没有成功？

3. 探索（Explore）：学习者可以怎样仔细观察并理解？

小结

1. 培训不同于教育。在培训中，我们不希望有"思考"发生，但需要能做出快速且自动的反应。

2. 培训学习者提出自己的问题意味着他们能够评估教师的问题。培训意味着让他们养成思维习惯，他们的大脑会自动矫正提问的习惯。

3. 苏格拉底从来不会在不提问题的情况下回答问题。我们在谈论苏格拉底式问题的时候，所谈论的是那些能够起到阐释、探究、挑战和拓展知识效果的问题。

4. 探究意味着提问，因为你并不知道答案，即使你是老师，也不一定知道答案。

5. 如果学习者通过提问来进行调查或探究，就会发展出观察力和好奇心。

6. 探究式学习是指一旦给定了研究的参数，或者需要研究或解决的问题，学习者就成了负责人，而教师则是观察者和教练。

第 15 章

管控问题：如何利用问题来管理班级

正如第 8 章所述，要想创造一种学习氛围，其中关键要点就在于，在激发学习者学习的时候，可以同时表现出对他们的鼓励与积极的关注。与此同时，教师所提出的问题还必须要把学习的责任完全放到学习者肩上，并将教师置于资源提供者和教练的角色。管理课堂有三个要素：（1）在上课前就预测并消除可能会浪费时间的情况，如效率低下、错误解读和纪律问题；（2）执行有效的授课流程和强调效果的授课态度，同时处理各种出现的问题；（3）重新引导无益的行为。如果教师坚持使用这些强调教师主体作用的问题，那么不仅能通过纠正和引导无益的行为变得积极有益来创造一个安全、有益的学习环境，甚至还会发现这些无益的行为甚至在萌芽之前就已经被消除了。请参考表 15–1 向他们发问。

表 15–1　　　　　　　　　激励学习者的问题

对问题做预期	执行有效的授课流程	对无益的行为进行重新定向
● 你想完成什么任务 ● 对这一课题的理想学习环境是怎样的 ● 为了更好地学习，你需要克服哪些障碍	● 你能多快找到答案 ● 如果你能听到我说话，请举手 ● 你需要休息一下吗 ● 你需要多少时间	● 这种行为将如何帮助你去学习 ● 你将如何解决此类问题 ● 你有哪些可选项 ● 你还需要些什么才能成功

续前表

对问题做预期	执行有效的授课流程	对无益的 行为进行重新定向
• 谁能帮你在学习上获得成功 • 最优方法是什么	• 下一步该做什么 • 怎样做才最有效 • 你能做些什么来找到答案 • 你从中了解到了什么	• 你要如何做到这一点 • 你需要哪些帮助 • 你如何确保能学会

承担责任问题

在学习者能对自己的学习负起责任时,引导他们的思维会很有帮助,这样他们不仅能感觉到自己承担着责任,还能学习如何去积极主动地独立学习(见图15–1)。

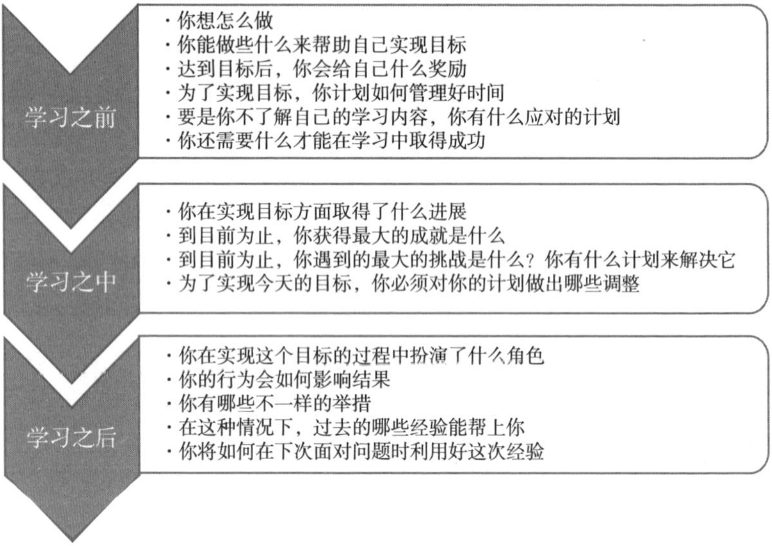

学习之前
· 你想怎么做
· 你能做些什么来帮助自己实现目标
· 达到目标后,你会给自己什么奖励
· 为了实现目标,你计划如何管理好时间
· 要是你不了解自己的学习内容,你有什么应对的计划
· 你还需要什么才能在学习中取得成功

学习之中
· 你在实现目标方面取得了什么进展
· 到目前为止,你获得最大的成就是什么
· 到目前为止,你遇到的最大的挑战是什么?你有什么计划来解决它
· 为了实现今天的目标,你必须对你的计划做出哪些调整

学习之后
· 你在实现这个目标的过程中扮演了什么角色
· 你的行为会如何影响结果
· 你有哪些不一样的举措
· 在这种情况下,过去的哪些经验能帮上你
· 你将如何在下次面对问题时利用好这次经验

图 15–1　赋予学习者责任感的问题

第 15 章 管控问题：如何利用问题来管理班级

调查问题：对于学习者的想法，你知道些什么

了解学习者的真实想法，这足以出一套"指导解惑"书了，所以本书只介绍一些你能实践的想法。下面是一些能衡量学习者正处于什么阶段的方法，既有传统的，又有非传统的。先要确保你充分考虑了你的受众以及他们对信息收集的反应。对于 K12 阶段的学习者来说，要确保课堂调查不涉及收集受保护的信息，如宗教信仰、文化或种族团体、政治归属或经济地位等。大多数的学区都有政策，即所有研究调查和群体调查都必须先通过校长批准才能得以执行。还要确保作为说明一部分的询问主题和答案也无不当之处。当然，为了提高最终的参与度，还请让你的课程参与者共同创建工具和 / 或管理工具。也要做好处理异常内容的准备：有的学习者会借助回答问题来做出特殊的陈述，比如刻意搞笑，或者过度批评。最后，这些形式的调查对于获得可供学习者收集、绘制和分析的数据非常有用。

避免提出有诱导性、暗示性、双重性或令人困惑的问题。在第 8 章中，引导性问题曾被用来帮助学习者找出最正确的答案。但在调查之中，你需要将问题指向某个特定答案，否则调查结果便是无效的，如"你有多喜欢我们客服给你完美呈现的产品展示"。一定要避免让调查问题代表了你的特定偏见，如"你对于消除论文抄袭这股歪风邪气做了哪些贡献"。双重性问题本身就由两部分组成，应将其进一步区分，提出两个问题而非一个，如"你认为第二修正案有效力吗""你是否同意枪支登记制度"。要是提供选择的答案过于相似或出现了冗余，即仅仅用不同的词汇来表述的相同意义，那么会让人难以回答，进而导致答案失效，如"你最倾向于使用哪种电子产品（A. 平板电脑　B. iPhone　C. 智能手机　D. 笔记本电脑）"。

集体投票

只需询问下面这样的问题就能进行实时的集体投票："你们认为

自己掌握这个知识点的情况如何？"回答方式可以是向上、向侧面或者向下比出大拇指，或者是完全掌握的人去某个角落集合，抑或是掌握一般的人去某个角落集合。要是觉得需要更多帮助，那就走过来站在我身边。要是你想了解更具体的情况，还可以使用智能手机、平板电脑和笔记本电脑上的软件来了解学习者的想法。除此之外，如果你使用某些学习管理系统的话，那么也可以在其中创建让学习者能够参与的集体投票小程序。

调查和问卷

调查不仅包含问卷，还包含对答复的收集与分析。调查刻意通过小部分抽样来构建数据趋势。通常，调查有效样本少于100人就会被视为无效。从技术上讲，常见的学习群体的人数通常很少，所以执行调查时，所有学习者都会收到一份问卷，这实际上是一次普查，也就是针对整个人群进行的调查。在针对学习创建有效的调查问卷或问题列表时，请牢记这一部分开头的建议。这有助于让调查问卷集中在一个主题上，而且出于时间考虑，调查问卷要尽量简短，不宜超过15个问题。教师不是心理测量学家，不需要通过以不同方式去问同样的问题来做双盲问卷调查。让他们直截了当回答就好。创建李克特量表时，还请确保你清楚地标注了"1"与"5"的含义（"1"是最差，"5"是最好，等等）。教师需要安排一个奇数供大家选择，否则就没有中间值可选了。有许多在线调查工具可供使用，别忘了还可以用学习管理系统、机构网站等调查工具。

小结

1. 教师要确保这样一件事，那就是在所有情况下都要通过提问来强调学习者该对自己的行为和学习量负责，这也应该在教师调研他们行为的问题之中有所反应。

2. 了解学习者知道什么以及知道多少是进一步因人而异定制学习的好方法。要使用集体投票、调查和问卷来检查学习者的理解水平，了解每位学习者的情况，并为学习者提供反馈和学习的机会。

第三部分　总结

在这一部分，你深入研究了好好提问已经创建好的野猪式问题的机制。你学会了如何让大脑的效果最大化，学习了塔克森记忆系统和区块化记忆系统。你学会了如何提出有效问题，不至于让你的学习者变成"僵尸"。你现在知道了该如何避免常见的提问误区，尤其是在集体讨论中，更要多加小心。你学习了如何让学习者做好准备，去回答和提出自己的有效问题。这一部分的共同主线是必须提前准备好问题，所有学习者都必须参与到每个问题之中，学习的责任要完全落在学习者的肩上：花上几分钟的时间去制订计划来实施所学到的东西，这样它们就会成为自己的"思维习惯"。别忘了积极寻找你可能想纳入计划的其他学习资源。

表3　　　　　　　　第三部分　职业成长规划

职业成长活动	所需资源	到期日
1.重复在提问中的作用		
2.避免僵尸问题		
3.释义交谈		
4.管控问题		

第四部分

BET
TER
Questioning
for Better
Learning

学习评估

有时候我们的确会忘了……没错，就算是经验最丰富的导师也会忘，我们要做的是跟学习者达成一致。你是不是没想到我会这么说！你以为我会说教师就是该教育或引导大家，实际上并非如此。好，让我稍加解释为什么我要强调"达成一致"。从智力层面上讲，我们所有人都相信，我们的教学策略应该与每个学习者的学习需求达成一致。我们甚至将之作为我们从业的最高诉求，一直在寻找能触及影响每个学习者的方法。我们的确一直在孜孜不倦地追求着！但是我们所面对的，毕竟是现实中的课堂情景。我们面临着这样的问题："我们该怎样将自己的教学策略与30名甚至160名各不相同的学习者达成一致？"有效提问，会对其有所帮助！（请参阅第7章对差异化教学的探讨。）

现如今，教育工作者面临的最大挑战是把我们对参与式学习的了解与我们对参与式学习的实际做法（或我们为达成学习效果所做的工作）加以结合。我们虽然确实付出了努力，但仍然没有将"我们该如何教学"与"人类的最优学习方式"加以结合。例如，课堂讨论在大多数课堂上都普遍存在，但鉴于你现在对学习者如何学习以及他们如何回应的了解情况，领导一个典型的课堂"讨论"可能会非常浪费时间和精力，其原因有二：一来，不是所有学习者都能参与其中；二来，我们所说的"讨论"实际上只是让学习者把自己应该知道的东西背出来而已。要是教师通过提出一系列尖锐问题来引导学习者进入某种思维方式（比如"收敛思维"），让学习者参与课堂"讨论"，他们也会倾向于相信自己就是在进行"教学"。可真正的问题是，"他们到底是不是在学习呢？"我们靠提问来确定这一问题的答案。

BETTER
Questioning
for Better
Learning

第 16 章

检查教学内容理解情况：
怎样才能知道所有的学习者都在学习

假设教师在开始上课时问了一个用于复习知识点的问题："化学家路易斯·巴斯德（Louis Pasteur）和物理学家亚历山德罗·伏特（Alessandro Volta），这二人有什么共同点？"第一排的三个学生把手高高举起，疯狂地挥舞起来。其他学生看着你，礼貌地表示着自己的兴趣，却无一举手。教师还注意到后排有几个学生甚至看都没看向自己，只是在笔记本上乱涂乱画，他们甚至可能把你问题里的人物听成了施洗约翰和科米蛙。

除了后排的这几个学生之外，其他人都在不断处理着大量的感官信息（还记得第 2 章所提到的网状结构吗），他们还被大脑中的各种想法淹没，比如："真希望前排那几个小丑能成熟点！他们老是爱显摆！""这问题真蠢。老师真拿自己当搞笑专家了！""我等不及下课了！我讨厌科学课！"（难怪学生在课堂上很难集中注意力！）

教师没有选那些举手的学生，而是挑了个女生来回答问题，这样做的唯一原因，就是发现她没有专心听讲，"桑德拉，你知道答案吗？"

"什么答案？"她如此反应。

"就我刚问的问题的答案呀。"你心里明白她这是在套你的话，所以难免有点咬牙切齿。

"能麻烦您再问一遍吗?"她温柔地回应。

而你也跟她一样玩起了套路,说:"吉姆,你能告诉桑德拉我问的问题是什么吗?"

吉姆被突然扯进这场矛盾中,成为双方的棋子,虽然备感不安,但还是尽己所能重复了之前的问题。

"不知道,先生。"桑德拉淡定坚决地答道。

作为专业人士,你保持着沉默,稍做停顿,你没有斥责桑德拉没有听讲,只是觉得有件事更糟糕些,那就是她根本就不关心你的问题,你只得叫起了一个还在高高举着手的前排女生:"蕾切尔,答案是什么?"

"同桌之间互相交流,互相问答白板上的这十个问题。我会下来关注大家的进度。五分钟后,两个人中选一个来给出讨论过的答案。预备,开始!"倘若教师只是这样简单表述,这样一来,在同样的时间内,每个学习者都参与了学习,并且复习了十个问题,而非仅仅一个。

在主题教学结束前检查理解情况

问题:教师难道不该在每次主题教学结束前检查学习者的理解程度吗?

回答:不该,因为你应该在教学中不断地检查学习者的理解程度,不过,最起码要在教学结束前检查一次。但遗憾的是,仅在主题教学结束时才检查学习者理解情况,这样做可能会向学习者发出一种信号,那就是表明你要进入另一个主题的教学了,而学习者也就不会好好听问题,而是转而等待下个教学主题的到来。

在教师教授完某个原理或概念之后,经常会问:"大家都明白了

第 16 章 检查教学内容理解情况：怎样才能知道所有的学习者都在学习

吗？"即使这个问题的主要功能仅仅在于修辞，并不是真的希望学习者要好好回答，但教师仍然会这样问。我们必须要认识到，那些没有回答的学习者，甚至那些点点头表示了肯定的学习者，其实都可能并没达到真正理解的程度。作为教师，我们究竟知不知道自己在一天的教学中，问了多少遍这个毫无用处的问题。

我们通过问出"大家都明白了吗"或"还有什么问题吗"所达成的效果，与我们打算让学习者理解的东西其实完全不同。翻译一下这些问题，我们实际上就是在陈述：

> 好了，没机会了哟。要是你什么都不问，那就意味着这些知识你都懂了，我就要继续教下面的内容了。另外，因为我好好问了这个问题，也就给了你一个好好回答的机会，因此你就算是没搞懂，那也是你自己不说。我可以拍着胸脯说，我教过了。就算你没学会，那也不是我的错！

这种想法的谬误之处在于，学习者有时候并不明白他们其实还没理解。如果他们不知道，自然也就没办法就此提出任何问题。苏格拉底当年是怎么说的？"我唯一知道的就是我什么都不知道。"

这个问题还有另一个要点，那就是它靠简单的"是"或"否"就可以作答。而学习者往往只会说他们认为我们想听的话。他们可以告诉我们，咱们的教学工作现在有条不紊、按部就班，需要继续前进，相应地，不管他们有没有理解，都会迁就我们。学习者还知道，要是真提出问题的话，他们可能还要再花 20 分钟来听我们解释我们要讲授的内容。到头来，简单回答"是"或"否"的问题并不能真正为教师提供任何有用信息，也不能把学习者推向更高层次的思维水平。毕竟，这样的问题该怎么答，实在太好猜了。所以说，问"大家都明白了吗"或"还有什么问题吗"从来都不是检测学习者理解程度的恰当手段。

不过，还有个简单的解决方案，那就是简单地去问："要是你懂了，就向上竖起大拇指；要是你似懂非懂，就向侧面伸出大拇指；要是你没懂，就向下伸出大拇指。"或者，"跟同桌说说你学会的内容，然后再问你的同桌一个问题，来看看他有没有学会。"

在第 13 章中，我们已经讨论过了如何让学习者通过活动身体来达成学习。在第 15 章，我们也讨论了如何使用投票、调查和技术手段来为教师提供信息，去了解学习者具体知道什么以及不知道什么。

用于检查理解程度的野猪式问题，既能帮助教师，又能帮助学习者

问题：既然在检查学习者理解情况时是由教师提出问题，且教师已经知道了可接受的答案范围，那么做的最大受益方是否一定是教师，而非学习者？

回答：不一定。检查理解情况其实还有助于让学习者找到自己在知识掌握和知识理解方面的差距。如果教师认真地去检查学习者究竟理解了多少学习内容，他们就必须规划出有效的野猪式问题，并让每个学习者都参与进来，再为每个学习者都提供多个机会去掌握概念（三次法则）。

利用野猪式问题能够帮教师在检查学习者理解领会了什么时，提出具体的开放式问题，而非靠"是""否"或简短词组就能作答的简单问题。随着问题有序地深入，学习者就很难猜出正确答案是什么了，于是也就会在答案中被动地展现出他们目前的理解水平（也就是说，他们不能诈唬老师继续教学了）。

不良示例："《爱丽丝漫游仙境》中的白兔子这一角色有没有什么其他的深意？"

（答案显然是"有"，但这并不能揭示学习者究竟知道什么。）

优秀示例："与你的同桌交流，互相问问'在《爱丽丝漫游仙境》中，

白兔子挂在嘴上的口头禅'要迟到了',它那超大号的怀表,以及它紧张兮兮的性格意味着什么?"

不良示例:"你对化学计量学了解多少?"

(学习者很可能想说"我该了解什么",却又说不出口。)

优秀示例:"如果你要跟一个不太熟悉化学的人形容一下化学计量学是什么,你会怎么说呢?你有两分钟的时间来和同桌讨论一下该怎么说。"

通常来说,并不是问题的结构不好,而是提问的目的有问题(对不起,我实在憋不住了,一定要说出来)或不合适。在为了深化学习程度和激发更高层次的思维而专门去编写问题时(还记得第6章中提出的"野猪式问题"吗),问题解构中的这些错误自然会得到修正,因为在教学开始之前,问题就已经得到了编制和分析。在教学之前的思考过程允许我们编制出非常优质的问题,一些能在同桌之间接着问的后续问题可以是这样的:"科学家如何在实验室中使用化学计量?""通过使用化学计量,你发现了什么?"以及"在课堂上使用化学计量方法的步骤有哪些?"

处理未得到回答的问题

学习者不知道答案时,教师该怎样做?虽然有些人可能会认为这说明了教师和学习者的失败,但实际上这恰恰是一个学习的机会(还记得本章开头的桑德拉吗)。请记住,在非野猪式问题的问答模式中,教师一次只会问一个学习者,而教师可以接受的回答是使用其他问题继续试探学习者,并提供更多的等待时间,或者为她提供一种能挽回面子的解决方法,比如"你想让谁来帮你回答这个问题"。而在提问野猪式问题的场景中,因为教师希望每个学习者都能知道答案是什么,所以已经把计划告诉了所有学习者:"每个人都有,拿同样的问题问你的同桌,然后就你们的答案进行一分钟的交流。"随着教师安排的教学循环得以展开,他们就能进一步确定学习者的理解水平,纠正个别小组内的错误，甚至单独临时抽人创建迷你小组，以帮助在学习上碰到了问题的学习者，同时还不必让所有学习者中断学习。

为了能更准确地了解学习者的知识和能力，教师要期待每位学习者在检查理解情况时都能回答问题。传统的教师如果能让一两位学习者做出了恰当的反应，就会觉得所有学习者都已经处于同一水平。可这不仅是个不够明智的假设，还在无意间向那些不准备继续学下去的学习者发出了这样的信息："我不在乎你到底学懂没学懂，没有你我们也要继续学后面的内容了。"

因为教师希望每个人都能以同样的水平去理解知识，并且能够回答出所有检查理解程度的问题，所以最好要引发整个小组的集体响应，例如通过手势、个人白板、桌子上的白板笔、粘性海报、通信设备（电子投票器，智能手机，或者平板电脑）或者齐声反馈（每个人都同时对问题口头作答，已在第13章中讨论过）。

小结

1. 改变面向集体提问的心态很不容易。作为教师的我们就是在这样的环境中长大的，我们中的大多数人都是这样接受训练的。向全体学习者检查理解情况就是在浪费我们的时间和学习者的时间。让所有学习者都参与才是检查他们理解情况的最佳方式。

2. 简单的竖起大拇指或采用其他手势通常就足以向教师反馈学习者的表现了。同伴提问的效果也非常好，因为学习者能够听到、看到、提问和回答各种问题。

3. 要是学习者在传统情景中碰到了困难，细心的教师就会停下教学，先为学习者提供帮助。在准备过相应野猪式问题的教学中，教师可以让学习者统一就同样的问题进行提问和回答。

第 17 章

形成性提问：
既不招人厌烦，又能不断地检查理解情况

关于形成性评估，我看过五本与之相关的"专业"论著，其中一些提到，形成性评估背后的理念是为学习者提供帮助。不过，大多还是认为形成性评估是教师获得和给予反馈的一种过程。在我对形成性评估的定义中，它只与学习者和学习本身有关。我们是怎么学会走路的？答案就是靠纯正的形成性评估学会的。我们会一次又一次地跌倒，直到自己搞明白了为止。我们会从错误中吸取教训，然后再试一次。不过，这也是关键所在：形成性评估意味着你需要通过小测、测评、考试或评估一而再、再而三地完成学习。这是飞行员训练模拟机的运作机制，也是护士训练中的机器人患者的运作机制，还是计算机模拟器的运作机制，那我们为什么不能在教育中利用同样的机制呢？对于这样的反问……我们的确在"教育"领域做形成性评估，但我们并不会这样称呼它们。我们称之为草稿、练习、预演或彩排。

学习者的收益

我所遇到的大多数教育工作者都把形成性评估当作某种不划分等级的提前测试或引入性的评估。还有一些人则认为形成性评估是在大规模总结评估之间进行的中间测验与测试。另一些人则认为这是一把能衡量学习者具体所处位置的标尺，也能指出教师需要做出哪些调整

来改善情况。以上认识都可能正确，但我还是觉得他们统统错过了形成性评估的真正力量所在：让学习者有所获。

保龄球之所以有趣，是因为我们有很多机会可以再次尝试。打好保龄球并不容易：要举起沉重的圆球，要动用手指调整持球的方式，要搞明白怎么把球甩进球道而不至于让自己跌倒，还要保证球的行进方向大体上是奔着球瓶而去。真正的学习也需要努力，其回报甚至超越了打保龄球的乐趣。书面草稿就是形成性评估在学术领域的一种完美范例。第一次提交草稿时，教师会对其进行评论并将其退回。学习者在每一轮修改中都需要纠正错误，产出的成果也因此得到了改进。在创建形成性问题时，教师需要确保学习者能够理解下图中的三个要点，还需要在所有教学中遵循循环一致性（见图 17-1）。

学习者需要能够做到：

- 了解他们的目标（有明确的期望）；
- 立即查看他们的行动是否达到目标（详细和及时的反馈）；
- 在下一个回合中进行修正（多个获得成功的机会）。

形成性问题是有目的、有方法的常规问题一再重复所构成的。我在第 10 章介绍过闪卡，可以将其作为问答明确问题的有效工具。闪卡的力量在于，就算犯了错误，也完全可以重新再做一遍。在提问时这样做更棒——需要安排一个结构，指明一旦学习者出错，会发生什么：他们需要得出正当、正确或者最合适的答案，也需要进行重复性活动的机会，并展现出自己通过这些活动学到的东西。以前我经常用等待时间、雪糕棒和计时器作为向全班同学提问的工具，要是某个学生回答错了，我就总会在给出正确答案后再让那个学生答一遍，以便让他有机会去展示他已经掌握了答案。这就是一种形成性提问，只是我当时并没有意识到罢了。应用形成性评估的学习要求学习者有多次机会进行评估、测验、评价或测试，并在每次展示进步的机会之间获得精准明确的反馈。他们每做一次，都会学到更多的东西，收获更大的进步。那该怎样通过形成性提问来吸引所有学习者参与呢？其实并没什么不同之处。表 17-1 就给出了一些思路。

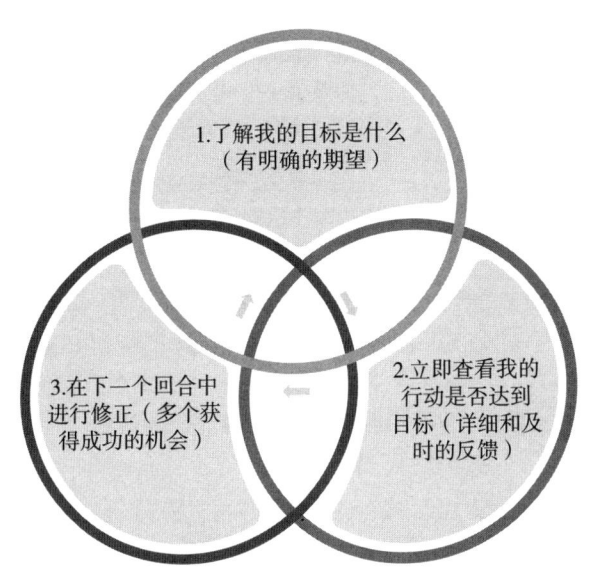

图 17-1 学习者进行形成性评估及改进的循环周期

1. 了解我的目标是什么（有明确的期望）
2. 立即查看我的行动是否达到目标（详细和及时的反馈）
3. 在下一个回合中进行修正（多个获得成功的机会）

表 17-1　　　　　　　　　　形成性反馈回路

以学习者为导向的形成性评估	
学习者	参与内容：各种情况都需提前准备好一系列问题
搭档相互提问——同桌之间或结对进行	跟搭档面对面，彼此问对方一个问题，如果正确，则将该问题归类到"已答对"分组中。如果错误，则要再次提问检查。重复这一操作，直到需要重新提问的归类中没有剩余问题为止

续前表

	以学习者为导向的形成性评估
小组问题——由四至五个学习者进行	与搭档相互提问一样,大家在小组中要选择搭档结对,但在搭档完成任务后,要把小组中每个成员分别需要再次提问的问题加以合并,然后向整个小组提问,并据此归类进还要再次提问的新集合,直到分类里中没有任何内容留下为止
目标小组问题——由有共同需求的学习者进行	专门为小组需要来设计问题,比如资质优秀的组队、学习英语的组队、学业落后的组队,等等。其过程与小组问题相同
身份分组问题——由有共同点的学习者进行,比如都喜欢比萨饼上放菠萝的人与都喜欢比萨饼上放辣椒的人……	跟小组问题相同,但需要在小组清空了所有需再检查的问题后,转由新的身份组合成为新的小组,并回答新的问题序列
答题分组——适用于需要学习者回答A、B、C或D的问题,每组成员人数为总人数的近四分之一	这种方法适用于教学空间有四个角的情况,先把所有学习者平均分为四组,分别站在教室四角。呈现问题后,让答A的学习者集中站在一角,答B的学习者集中站在另一角,以此类推。这个方法类似于身份分组问题,同时也可以产生利用低科技含量技术的变体:学习者通过四张纸来标识A、B、C、D,每一张纸对应着问题的一个答案选项。使用个人白板、投票器或其他技术手段时也是类似
不用出声的集体提问——适用于集体	在这一场景中,问题答案就大大地写在房间的墙上,所有学习者在自己站的地方就能看得到。教师出示问题的书面版本并提出问题,而学习者必须表明自己选择的答案,走到对应的角落。如果他们不知道答案,那只需要看看别人走到了哪里就可以

续前表

以学习者为导向的形成性评估	
虚拟组问题——使用整个线上学习集体	面向整个线上学习集体进行教学时,所有学习者都可以通过手势、向上\向下比出大拇指或把答案写在纸上并举到镜头前的形式来回答问题。对于线上异步教学来说,只需聊天框中回答问题即可,这样每个人都可以看到他人的答案,也可以对之做出响应

根据著名的"三次法则",教师没法指望光靠做一次就能学会与掌握什么。所以教师必须至少要三次参与到学习中才行(通常还需要更多次才可以,具体可参见第11章)。所有的重复学习不必发生在同一天中,事实上,如果坚持上几天,每天都学一下,学习的效果可能还会更好。作为一名西班牙语教师,我有这样的发现:要是我每天都向学生提出问题,最终他们肯定都能答对。每节课开始前,我都会站在门口跟每个学生握手。在他们进入正题开始学习之前,我还会问他们一个大家一直在研究探讨的问题。随着时间的推移,我几乎可以只用西班牙语来向他们提出任何问题。如果某个学生觉得太难,他们身后的人也可以为他们提供帮助。更有趣的是,所有人都喜欢一对一的提问,并将其视为一种既让人兴奋又能用于展示知识的学习方式。有些教师会在下课时这样做,把这样的问答当作学生下课离开的"退场票"。

小结

1. 形成性评估的理念,是通过实际评估来让学习者投入学习。形成性评估必须有个过程和相应的周期,而不是一蹴而就。这一过程要包括评估学习者的知识,提供针对错误的即时反馈以及如何改正错误，然后再提供其他的进行相同评估的机会。书面草稿就是有效形成性评估的一种完美范例。

2. 可以在遵循"三次法则"（或更多次数）的前提下，为双人搭档、学习小组和其他特别小组专门配置准备形成性评估。倘若学习者没有机会再次进行考试、测验、测试或评估，形成性学习就不会发生。

第18章

考试前后的心态：如何使用野猪式问题来进行评估

增值学习

我在 2007 年了解了"增值学习"这个概念。这个理念其实是想确定一个衡量标准，来让学区落实教师在一年的教学过程中，为学生赋能增值的水平。为了加以验证，学区会在每年年初和年底对学生进行测试。如果增值成长的进度超过了原定的学习指标，教师就会获得奖金。不过，在教师奖金机制出现之前很久，就已经有了通过前后测试来确定增值进度的概念了，虽说这个概念有其自身的优点，但很少会有教师仰仗于它，主要是因为干这行本身就已经繁忙费劲，额外增加这样一个需要关注的工作步骤属实徒增负担。

不过，如果你是教师，你还是可以利用准备好的野猪式问题，并创建一个简短的预测试。对学习者进行这样的管理可以促成一些好事。它能让学习者对他们马上要学的东西有个很好的认识；它能告诉学习者他们对当前这门学科有哪些已知的内容，又有哪些未知的内容。它为每个人设下了一条基线，让他们能知道取得了多少进步，它还告诉教师如何去调整教学，才不会在大家都已经知道的事情上浪费时间。

正如本节引言中所述，用一组问题来进行教学，却用另一组问题来进行测试，这样没有意义：如果我们想让学习者学起来更简单便捷的话，这些问题就应该保持高度一致。格兰特·威金斯和杰伊·麦克泰格在他们 2005 年出版的系列书籍《追求理解的教学设计》中提出了在教学前要先设立测验（问题）的绝妙概念，这也使得二人在教育界声名鹊起。在教学前先把问题定好，这同样是野猪式问题的基础，因此也没有理由不在考试中继续使用这些问题。想象一下，你作为教师能记得所有你问过的问题，而且还能在考试中拿来继续用，这能节约多少时间！既然你已经有了一个可以直接在课上向学习者提问的问题列表，那你只需将这些问题直接复制到单元学习结束后的测验中即可！

应试教育

有些教育工作者难免会抱怨："你这样不就成了应试教育了吗？"我对此的回答是，倘若考试包含了我们希望学习者知道的事情和能做到的事情，那没错，我们就是要对应这种考试来做教育。

如果不给预测验计分评级的话，学习者往往也不会认真对待。有位教师想出了一个巧妙的方法。那就是给学习前的测验和学习后的测验安排同样的题目。两次测验都一样计分，但在学习前的测验中正确回答的每一个问题都能为学习者赢得一个额外分数，可以加在学习后测验的得分上。学习后测验完成后，同样标准的评分，再算上额外的分数，又能拿来跟学习前测验的成绩加以对比。回到增值测验的理念，安排学前学后测验的巨大好处之一，就是学习者能够据此衡量自己的进步水平。虽然往往由于时间限制，这一对比前后成绩的部分会被掠过，但在其中投入时间依然很有价值。只需几秒钟，就能让学习者得到自己的进步分数，并因为自身的努力得到赞扬，而且学习者都非常乐于接受这种鼓励。这些数据有着巨大的价值，对那些受入学率波动影响的项目来说尤其如此。它还能放进教师的简历中，佐证教学效果。这是一种强大的工具，能够公开说明在你的指导下，学习者能够得到什么程度的提升。

小结

1. 规划好野猪式问题,能够确保学习前后的测验保持一致,也能确保学习者为顺利完成测验做好准备。
2. 进步幅度的数据可以帮学者保持积极性,同时也能增强教师的信心,丰富教师的履历。

BETTER / Questioning for Better Learning

第 19 章

回顾与重新划分问题：
要是所有学习者都不学习，你会怎么做

莫要重蹈覆辙

对于那些没能理解你意思的人来说，最常见的解决办法是重复一遍同样的话，但要说得慢一点，而且声音大一点。倘若有学习者还是没弄明白，那其实并没必要再重复上一次那样不起作用的行动过程，而是要再慢一点，声音再大一点。我在帮孙女学代数的时候，发现她在跟指数有关的知识方面存在着一些基本概念上的知识盲区。我索性没有让她按照老师提供的学习指南去学习，也没有让她看老师解每道题的视频，而是向她问了跟指数有关的引导性问题（更多关于引导性问题的内容，请参见第 8 章）。"如果 $a^2 = a \times a$，那么 a^3 是什么？"她似乎理解了指数的概念以后，我则问了一些更难的概念，"如果 $a^2 \times a^3 = a^{(2+3)}$，那么 $a^3 \times a^5$ 等于什么？"我以这种方式一个接一个地问她提了些引导性问题，直到我们共同建立了一个指数律方面的逻辑基础。有了这样的新认识，她就能完成老师布置的复习内容了。

情感过滤

我举这个例子是为了说明这样一点：在通过提问来复习内容或

提炼内容的过程中，去复习与提炼那些学习者不知道的内容要比复习与提炼他们知道的内容效果要好很多，这样一来，学习者就必须想方设法展示出他们的进步和成长。我并不是建议教师直接把学生叫到白板、虚拟显示器或全息投影仪前，单独提问。要是学习者没准备好的话，他们的情感过滤系统（战或逃反应）就会激活，皮质醇也相应地释放进了大脑中，阻碍了任何学习（记忆）的发生。我就曾经碰上过一个在这方面走进误区的代数老师，用"教学"的幌子让我直接回答我根本不会的问题，我直到今天都还记得自己当时有多么恐惧。为了缓和情感过滤，学习者可以两人组队或小组合作，而教师则要做好两件事：（1）四处走动，确保每个人都能完成任务；（2）向组内的具体个人提问，以检验小组的学习情况。如果教师发现有几个学习者都缺乏同样的知识储备，又该怎么办呢？这时候就该临时组建一个解决针对性问题的小组，由教师提供案例，提出引导性问题，以便组员们理解概念。一旦他们搞懂了，就解散小组，各自回到原先的小组中去。在复习阶段，教师可能需要多次执行这一操作。这样一来，集体的学习进度才能得以继续而不中断。

通常情况下，涉及基本问题的小组游戏和比赛会让存在知识疏漏的学习者暴露出来，也能快速帮助他们弥补学习上的差距。如果能够快速完成的话，与搭档一起过闪卡也是弥补差距的有力工具。

小结

1. 通常来说，要通过复习和提炼来填补学习上的空缺，需要提供简单的引导性问题。
2. 给小组设计野猪式问题是减少尴尬感受，以及让努力的学习者不至于出现强烈情感过滤的完美方法。针对在知识或理解方面有类似差距的学习者，提供有针对性的迷你课程非常有助于继续开展学习。

第20章

正式评估：如何精准构建评估性问题

抽样学习

对学习者来说，正式评估是展示他们所知内容以及他们能用这些知识完成什么的绝佳机会。这一评估并不能促成学习，因为此时已经完成了学习。如果教师的提问技巧达标，那每个学习者都会觉得自己已经为测验或测试做足了准备。如你所知，评估是对学习者所知内容和所能完成的事情进行抽样，并以此作为他们所掌握的知识的总结性表述，评估应该代表学习者所获得的知识的广度，却又不必包含每一个具体知识点，如果知识本身建立在其他知识和技能（如数学）之上的话，就更是如此。对于临时的测验测试来说，多在其中强调概念词汇的了解并无不妥。但对于单元测试或阶段性评估来说，为了节省时间，同时也为了向学习者传达他们所获得的知识需要付诸实践，我会跳过考察简单的词汇/定义的问题，转而将对词汇的考核纳入应用型问题之中。为了答好这类问题，他们仍然需要展示出对概念词汇的了解。

野猪式问题的题库

在开始教学之前就要完成评估问题的精准构建，其中第一步就是把"野猪式问题"的列表拿出来，再确定其中哪些是最能代表核心知识和技能、与教学目标最为匹配的问题。教师可以稍加改动一两个词来改进问题，但这些问题本身依然应该与教学中经常使用的那些问题保持一致。在评估中，还不应插入学习者未曾多次见过的问题（还记得"三次法则"吗）。第二步是进一步回顾这些问题，意在确保不会有影响答案的歧义。最后一步则是由教师来决定问题的提出形式，别忘了必须给答案评分的可是你。我的意思是，要是出了一道用于评估学习者的论述题，那教师就必须自己来审核每个答案，并对其是否完整回答了问题来做出评断。而我个人总体上的理念，是我宁愿把时间花在学习周期中让学习者获取知识的部分，而非在评估中进行知识展示的部分。

成绩评估

做小测验的时候，我会让学习者彼此交换答卷打分，大测验的评分则部分基于具体表现、部分基于知识掌握水平。以我自己为例，基于具体表现的部分是我用西班牙语与学生进行对话。在数学领域，则可以让学生解释如何利用二次方程来预测飞机在联程航线中，会在何时抵达某些特定目的地；在哲学领域，可以是通过论述来比较约翰·洛克和亨利·大卫·梭罗；在英语领域，则可以是写一篇由五个段落构成的富于说服力的议论文。对一年级学生来说，可能是通过创造一件艺术品，来展示他们对月球的了解。测试知识的部分可以主要选用选择题的形式。倘若测试时间相对紧迫，则可以添加连线题和判断题。

精准的选项

要从野猪式问题中构建出精准测试，便意味着多项选择题的答案同样也需要能反映出学习者所学到的东西。一般来说，教育工作者、课程开发者和心理测量学家会以下列方式编制多项选择题的答案：一个很明显错误的答案，一个正确答案，以及两个有误导性的答案——可能是对正确答案稍加修改得出的，也可能是基于对正确答案的误解产生的。如果你跟我一样，就会觉得这是考选择题时最令人沮丧的部分：要一直试着去判断，答案究竟只是如其表面所指，还是暗示着什么更深层次的含义。通常情况下，出题人都会觉得正确答案实在太过明显，于是就会修改措辞或词汇来对正确答案稍加掩饰。实话实说，这一切举动都无助于学习，不仅扭曲了评估的结果，还疏远了我们本应帮助的那些学习者。我建议，考试或随堂测验中不该出现经过修改的新答案。选择题中的每一个选项，尤其是那个正确的答案，都应该是学习者熟悉到足以做出有效区分的东西。没有必要去欺骗学习者做出错误的选择（见表20–1）。

表 20–1　　　　　　　　　构建有效的选择题

不好的问题	不好的原因	更好的问题
梭罗的实验，是为了要"……从容地生活，仅仅面对生活的基本事实，看看我是不是能够学会生活不得不教会我的东西，等我要死的时候不会看到我一辈子白活了。"[1]	很明显是正确的——细节太多，不可能是假的	梭罗的实验，是为了要"……从容地生活，仅仅面对生活的基本事实。"
梭罗以其《公民的不服从》激起了20世纪的抗议运动，后来又发起了反对越南战争的抗议运动	让人困惑又语焉不详的句子——显然是错的	梭罗的《公民的不服从》激发了群众反对越南战争的抗议运动

---

[1] 本段翻译来自《瓦尔登湖》人民文学版，苏福忠译。——译者注

续前表

不好的问题	不好的原因	更好的问题
关于上帝，洛克断言： （A）上帝不存在 （B）上帝存在，但无法为人所知 （C）上帝是否存在可以通过直觉加以确定 （D）只有通过信仰，才能知晓上帝的存在 （E）只需通过观察，就可以知晓上帝的存在	选项C和E不像其他选项一样互斥，这也就意味着其中一个是正确的答案。C是正确的答案	洛克认为：（单选） （A）上帝不可能存在 （B）上帝存在，但无法为人所知 （C）只有通过直觉，才能知晓上帝的存在 （D）只有通过信仰，才能知晓上帝的存在 （E）只有通过观察，才能知晓上帝的存在
"应允"的意思是： （A）某物有种难闻的气味 （B）你批准了某事或允许某事发生 （C）拒绝做某事 （D）你写了自己的名字	最长的答案即正确答案，B	"应允"的意思是： （A）某物的气味难闻 （B）你赞成了某事 （C）你拒绝做某事 （D）你写了你的名字
根据约翰·洛克的说法，自然权利包括： （A）教育、隐私和安全 （B）衣服、食物和住所 （C）自由、工作和保护 （D）生命、自由和财产	A、B和C太过相似。任何熟悉《独立宣言》的人都知道D是正确的答案	根据约翰洛克的说法，自然权利包括： （A）第一、第二和第三修正案 （B）生命、自由和对幸福的追求 （C）自由、劳动和保护 （D）生命、自由和财产
根据约翰·洛克的说法，"达成了组建政府并遵守其法律的协定"被称为： （A）自然协定 （B）社会契约 （C）宪法 （D）意向声明	寻求答案的时候会发现，四个选项中的任何一个都能回答这个问题。正确答案是B	根据约翰洛克的说法，"达成了组建政府并遵守其法律的协定"被称为： （A）社会协定 （B）社会合同 （C）社会构成 （D）社会契约

续前表

不好的问题	不好的原因	更好的问题
关于莱布尼茨,以下哪一项不正确(只有一个答案。请仔细阅读): (A)人们认为是他研发了微积分 (B)他发展了一种他称之为"单子"的元素粒子理论 (C)他试图解释了为什么我们只有一个"宇宙"而不是"多元宇宙" (D)他把"原因"区分为直接原因和间接原因 (E)他把"理由"分为有效理由和充分理由 (F)他认为所有的单子及其间的相互关联都是由上帝安排好的	导语非常混乱。重复的短语会让答题者感到特别困惑。错误的选项是D,但因为"多元宇宙"是个现代词汇,所以我会误选为C	关于莱布尼茨,以下哪一项不正确(单选): (A)人们认为是他研发了微积分 (B)他发展了一种他称之为"单子"的元素粒子理论 (C)他试图解释了为什么只存在一个宇宙 (D)他把"原因"区分为直接原因和间接原因

小结

1. 既然教师在授课前已经准备好了一份问题清单,那这时就没什么能阻止教师举行考试了。

2. 考试题目应与学习中使用的题目和学习前测试中提供的题目相同。

3. 考试中不应使用所有的野猪式问题,只该使用其中最重要的问题。

4. 优质的选择题不该以蒙骗学习者为目的,而是能让他清楚地辨别出正确的答案。

第四部分　总结

学习评估部分就这样波澜不惊地结束了，不是吗？毕竟，提问的艰难工作在此之前已经完成了。

在一开始的备课中就要开始筹划野猪式问题，会使得在教学前构建形成性提问、学习前测试、学习后测试和正式评估的工作轻松不少。如果有想继续学习的内容，那么可以花上几分钟时间来制订学习计划，同时不要忘了查询相关资料，找找有没有想要纳入计划的额外学习内容，以及这些内容的出处。

表4　　　　　　　　第四部分　职业成长规划

职业成长活动	所需资源	到期日
1. 检查理解程度		
2. 形成性提问		
3. 考试前后的心态		
4. 回顾与重新划分问题		
5. 正式评估		

Better Questioning for Better Learning: Strategies for Engaged Thinking / by Benjamin Stewart Johnson / ISBN: 978-0-367-76105-9

Copyright © 2022 Benjamin Stewart Johnson

Authorized translation from English language edition published by Routledge,an imprint of Taylor & Francis Group LLC.

All Rights Reserved.

本书原版由 Taylor & Francis 出版集团旗下 Routledge 出版公司出版，并经其授权翻译出版。版权所有，侵权必究。

China Renmin University Press Co., Ltd. is authorized to publish and distribute exclusively the Chinese (Simplified Characters) language edition. This edition is authorized for sale throughout Mainland of China. No part of the publication may be reproduced or distributed by any means, or stored in a database or retrieval system, without the prior written permission of the publisher.

本书中文简体翻译版授权由中国人民大学出版社独家出版并仅限在中国大陆地区销售。未经出版者书面许可，不得以任何方式复制或发行本书的任何部分。

Copies of this book sold without a Taylor & Francis sticker on the cover are unauthorized and illegal.

本书封底贴有 Taylor & Francis 公司防伪标签，无标签者不得销售。

北京阅想时代文化发展有限责任公司为中国人民大学出版社有限公司下属的商业新知事业部，致力于经管类优秀出版物（外版书为主）的策划及出版，主要涉及经济管理、金融、投资理财、心理学、成功励志、生活等出版领域，下设"阅想·商业""阅想·财富""阅想·新知""阅想·心理""阅想·生活"以及"阅想·人文"等多条产品线，致力于为国内商业人士提供涵盖先进、前沿的管理理念和思想的专业类图书和趋势类图书，同时也为满足商业人士的内心诉求，打造一系列提倡心理和生活健康的心理学图书和生活管理类图书。

《思辨与立场：生活中无处不在的批判性思维工具》

- 风靡全美的思维方法、国际公认的批判性思维权威大师的扛鼎之作。
- 带给你对人类思维最深刻的洞察和最佳思考。

《提问的艺术：为什么你该这样问（经典珍藏版）》

- 国内畅销近10年，一本风靡全美、影响无数人的神奇提问书。
- 可视化思维导图、320个强大问题教你学会提问，为商业与人生打开一扇具有无限可能和机遇的大门。